共通テストは

これだけ！

日本史 B

講義編 ① 古代・中世・近世

金谷 俊一郎

文英堂

はじめに

こんにちは，金谷俊一郎です。このたび『共通テストはこれだけ！日本史B』を受験生のみなさんにお届けできることになりました。

▶本書にこめた思い

私はこれまで30年以上，共通テスト・センター試験のデータベースを蓄積し，分析を重ねてきました。2020年度からは共通テストに変わりましたが，実際のところ，その7割以上はセンター試験と同様，基本的な語句の理解と時期把握で占められていることがわかっています。

一方，多くの受験生はいまだに用語や年号をただ丸暗記しようとしています。こんなムダな学習をする必要はないんです。「時間のない受験生に，共通テストに必要十分な知識を最も効率的な方法で提示したい」。本書はそういう思いからうまれました。

▶セールスポイント

「表解板書」は，各単元の全体像をつかむためのツールです。切り口は単元によってそれぞれ違いますが，ことがらの特徴や時代の流れを読み解くために必要なエッセンスを，わかりやすく整理してあります。

この「表解板書」と，それに続く「講義」は一体のものです。私は普段の授業では，表を板書します。みなさんは，表解板書を見ながら私の講義を受けている気持ちになって，読み進めてくださいね。

▶学習のしかた

　表解板書と講義をつなぐのが，丸番号つきの「これだけ！ワード」とアミかけ（グレー）の「時期識別ワード」です。「これだけ！ワード」は，共通テストの用語選択問題で出る最重要語句です。ただし，この用語を丸暗記する学習法ではいけません。表解板書と講義で用語の意味を理解し，その用語を選べるような学習を心がけてください。そのとき同時に，「どの時代なのか」のシグナルとなる「時期識別ワード」に注意してください。

　くり返しになりますが，共通テスト日本史Ｂの攻略に必要なのは，用語と年号の暗記ではありません。重要語句の理解と時期把握です。

▶受験生のみなさんへ

　『共通テストはこれだけ！』をマスターすれば，共通テストの９割をカバーすることができます。各単元の最後にある「共通テスト演習問題」で，問題が解けるかどうか確認してみてください。もしわからない問題があれば，もう一度表解と講義に戻って，知識の定着をはかることをおすすめします。

　本書がみなさんの受験勉強の力強い伴走者になり，受験生の「お守り」になれるなら，これ以上の喜びはありません。

　最後に，「一般的な共通テストの学習法」の間違いに気づかせてくれたのは，多くの受験生の声です。みなさん，ありがとうございました。

金谷俊一郎

本書の特長と使い方

本書の特長

すべての単元が表解板書・講義・共通テスト演習問題の3つの要素で構成されています。表解板書で全体像をつかみ，講義で知識を整理し，演習問題を解いてみましょう。

表解板書

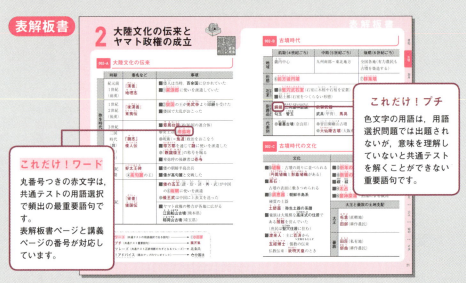

これだけ！ワード
丸番号つきの赤文字は，共通テストの用語選択で頻出の最重要語句です。表解板書ページと講義ページの番号が対応しています。

これだけ！プチ
色文字の用語は，用語選択問題では出題されないが，意味を理解していないと共通テストを解くことができない重要語句です。

講義①

時期識別ワード
グレーのアミがかかった太字は，時期識別のシグナルとなるものです。

イントロダクション
講義の最初に，この単元で何に注目すべきかがまとめられています。

① 表解板書→講義→共通テスト演習問題まで一通り終わったら，表解板書に戻って最後にもう一度確認すればカンペキです。

② 時間がないときは「これだけ！ワード」と「時期識別ワード」を中心に速読します。もちろん時間をかけて精読すれば，いっそう確実に知識が定着します。

講義②

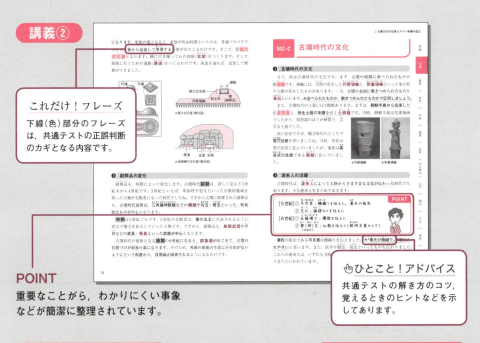

これだけ！フレーズ
下線（色）部分のフレーズは，共通テストの正誤判断のカギとなる内容です。

POINT
重要なことがら，わかりにくい事象などが簡潔に整理されています。

ひとこと！アドバイス
共通テストの解き方のコツ，覚えるときのヒントなどを示してあります。

共通テスト演習問題

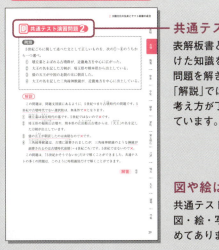

共通テスト演習問題
表解板書と講義で身につけた知識を使って，演習問題を解きます。
「解説」では，正答に導く考え方が丁寧に説明されています。

図や絵はこれだけ！

図や絵はこれだけ！
共通テストで出題される図・絵・写真などをまとめてあります。

もくじ

古代

中世

近世

『共通テストはこれだけ！ 日本史B』の講義編は
［古代・中世・近世］と［近代・現代］の2分冊に
なっています。

古代
KODAI

原始時代

古墳時代

飛鳥時代

奈良時代

平安時代

1 原始文化の展開

001-A 原始時代の自然・道具

時代	旧石器時代 （先土器時代）	縄文時代 （新石器時代）	弥生時代
	①**1万年前**	紀元前 4世紀	
生活	狩猟・漁労・採集	●末期には**農耕**も ●牧畜はおこなわず	農耕の開始 （**北海道・南西諸島**を除く） **貧富の差の発生**
気候	**更新世** ●氷期と間氷期を 　くりかえす	**完新世** ●温暖化：大陸から切り離され日本列島が形成 ●海面が上昇し，漁労が発達した	
動物	大型動物が生息 ●**ナウマンゾウ** ●オオツノジカ	中小動物が生息	
道具 農業	■②**打製石器** ●打ち欠いただけ 　の石器 ●**尖頭器**など ●末期：**細石器**	■③**磨製石器** ●磨いた石器 ●**弓矢**の発明 ●④**黒曜石**の交易 　（**石鏃**の原料） ■**骨角器** ●漁労が発達した	■**青銅器・鉄器** 青銅製**祭器**： **銅剣・銅鐸・銅矛**など →武器ではない

前期・後期の表（道具・農業欄の弥生時代）：

前期	後期
湿田	乾田
木製農具	⑤**鉄製**農具

■**石包丁**の使用
●穂首刈をおこなう
■⑥**高床倉庫**に貯蔵
■**田下駄**

001-B 原始時代の生活・社会

時代	旧石器時代 （先土器時代）	縄文時代 （新石器時代）	弥生時代
住居	●簡単な住居 ●洞穴・岩陰	●⑦竪穴住居 ●⑧貝塚 ↳ごみ捨て場	●⑨環濠集落 ●高地性集落 ↳丘陵・山頂の集落
信仰	化石人骨	●⑩土偶・石棒 ↳アニミズム ●抜歯 ↳成年儀式	墳墓の出現 ●⑪支石墓 朝鮮半島南部の系統 九州北部が中心 ●⑫甕棺墓 ●方形周溝墓 ●墳丘墓
埋葬		●屈葬 ↳折り曲げて埋葬	●伸展葬
土器	つくられなかった	縄文土器 厚手で黒褐色	弥生土器 ●薄手で赤褐色 ●用途に応じた土器 （壺・高杯など）
主な遺跡	■⑬岩宿遺跡 ●群馬県の関東ローム層から発見 ●旧石器文化の存在が明らかになった	■⑭大森貝塚 （東京都） ■加曽利貝塚 （千葉県） ■三内丸山遺跡 （青森県）	■⑮吉野ヶ里遺跡 （佐賀県・環濠集落） ■登呂遺跡 （静岡県・農耕遺跡）

これだけ！ワード（共通テストの用語選択で出る語句）━━━▶ ①小田原

これだけ！プチ（共通テスト重要語句）━━━━━━━▶ 塵芥集

これだけ！フレーズ（共通テスト正誤判断のカギとなるフレーズ）━▶ 北条氏

☝ひとこと！アドバイス（得点アップのワンポイント）━━━▶ ☝分国法

原始 古墳 — 飛鳥 — 奈良 — 平安 — 鎌倉 — 室町 — 安土桃山 — 江戸 — 明治 — 大正 — 昭和 — 平成

📢 **原始時代は時期区分を中心に！**

　原始時代は，旧石器時代・縄文時代・弥生時代の３つの時期に分かれます。共通テストでは，原始時代の問題の９割は「時期識別」問題です。３つの時期のうち，どの時期に何がくるのかを識別できさえすればよいのです。用語そのものを暗記する量は，本当に少ないといってもよいでしょう。

　ちなみに，2000年以降のセンター試験で用語そのものの暗記を要求した用語は，10〜11ページの表解板書のうち，「1万年前・支石墓・甕棺墓・吉野ヶ里遺跡」だけでした。

🔹 旧石器から縄文へ —— 境は1万年前

　原始時代の最初の時期を**旧石器時代**といいます。この時代は土器がなかった時代とされ，土器がつくられる前（＝先）の時代ということで，**先土器時代**ともいわれます。約① **1万年前** を境に，旧石器時代から，縄文土器がつくられる**縄文時代**になります。そして，紀元前4世紀ごろから3世紀までの時代は，弥生土器がつくられた時代なので，**弥生時代**といいます。

🔹 気候が変わると時代が変わる

　さて，旧石器時代と縄文時代の境目には気候の大きな変化がありました。まず，地質学上の分類では，旧石器時代は**更新世**といい，縄文時代以降は**完新世**といいました。

　更新世と完新世を混乱しないためには，文字に注目するとよいでしょう。更新世は，☝「更新」中の段階，つまりどんどん新しくなっていく途中の段階という意味です。それに対して完新世は，☝「完」全に「新」しくなった後の段階という意味です。だから，更新世が古い時期，完新世が新しい時期というわけです。

　更新世は，現在とは気候が異なりました。一般にこの時代を**氷河時代**ということから，更新世を寒い時代と誤解する人が多いのですが，誤解しないでください。更新世は，ずっと寒かったわけではありません。氷河時代とは，寒い

「氷期」と，比較的暖かい「間氷期」が交互におとずれる時代のことです。

❯ 日本列島が形づくられた完新世 ── 縄文時代

一方，**完新世**は，完全に新しくなった時代ということからもわかるように，気候上，現在とほぼ同じ**温暖な時代**となります。温暖になると，氷河がとけます。とけた氷は海に流れ込み海面を押し上げます。その結果，海の面積が増えるわけです。

海が増えると，食物を手に入れる手段として，海で魚を捕ることが盛んになり，**漁労**が発達します。魚をとるための**網**も用いられるようになりました。また，周りの陸地が海になって，大陸と**陸続き**であった日本が，大陸から分かれて日本列島が形づくられました。植物も変化します。針葉樹林が姿を消し，クリやドングリなどの木の実や，イモ類などの植物資源が豊富になり，**採集**が盛んになります。

> **POINT**
>
> ［気候の変化と生活］
> ① 気候が変わる（＝温暖化する）
> ↓
> ② 氷河がとけて海面が上昇する（＝海が増える）
> ↓
> ③ 日本が大陸から切り離される，漁労が発達する

ほかにも，気候の変化によって変わるものがあります。それは動物です。今でも暖かい地域に住んでいる動物と，寒い地域に住んでいる動物がちがうように，気候が変化すると，そこに住む動物も変わっていきます。旧石器時代は，**ナウマンゾウ**やオオツノジカといった**大型動物**が生息していました。それが，縄文時代になると気候が温暖化します。温暖化にともなって，大型動物が生息できなくなってしまい，代わって**イノシシやニホンジカ**などの**中小動物**が生息するようになるわけです。

❯ 動物が変わると道具も変わる ── 縄文時代

当時の人々は，動物を**狩猟**して生活していました。ですから，動物が変化すると，狩猟方法が変化し，それにともなって，使用する道具も変化していくわけです。

縄文時代になると，大型動物に代わって，中小の動物が中心になります。中小の動物は大型動物に比べて逃げ足が速い，つまりすばしっこいわけです。すばしっこい動物を素手（すで）で捕まえることは難しい。そこで，そのような中小動物を捕まえるために**弓矢**（ゆみや）が登場します。弓矢だと，すばしっこくて近寄ることが難しい中小動物でも遠くからねらうことが可能なわけです。

　さて，弓矢のやじりの部分には，**石鏃**（せきぞく）という石器が使われました。弓矢は遠くから飛ばすので，当たったときに石鏃にはものすごく強い衝撃が加わります。ですから，普通の石ではその衝撃に耐えることができず，こなごなに砕け散ってしまいます。そこで，石鏃の原料には強い衝撃に耐えることのできる特別な石が必要になるわけです。それが④**黒曜石**（こくようせき）です。

　ただ，この黒曜石は，どこでもとれるわけではなく，長野県の**和田峠**（わだ）や，熊本県の**阿蘇山**（あそ），北海道の**白滝**（しらたき）といった特別な場所でしかとれません。それでは，それ以外の地域の人はどうするのか？　それ以外の地域の人たちは，**交易**（こうえき），つまり物々交換をしてこの黒曜石を手に入れていました。

　黒曜石以外にも，**ひすい**（硬玉）（こうぎょく）や**サヌカイト**も交易されていました。

▶　気候が変わると食物も変わる —— 縄文時代

　また，**縄文時代**になると，海面の上昇により海が増え，**漁労**が盛んになりましたね。その結果，漁労のための道具も発達していきます。それが**骨角器**（こっかくき）です。釣針（つりばり）や銛（もり）など魚をとるための道具が動物の骨や角でつくられました。

▶　食物が変わると道具も変わる —— 弥生時代

　弥生時代になると，農耕がおこなわれるようになります。そのため，収穫道具である**石包丁**（いしぼうちょう）や，田を歩くときに使用する**田下駄**（たげた）などが使われるようになりました。

▲石包丁

　この時代には，大陸から**青銅器**（せいどうき）や鉄器が伝来します。そこで，弥生時代後期は⑤**鉄製**の刃先をつけた農具も広まっていきます。さらに，稲を貯蔵するための施設として⑥**高床倉庫**（たかゆか）もうまれます。☜石包丁と高床倉庫については，写真で出題されることもあります。

　弥生時代の日本における農耕は稲作です。稲をつくるには非常に多くの水を必要とします。そこで，弥生時代前期は最初から水がふんだんにある湿田（しつでん）で

稲作をおこなっていました。しかし，湿田は，一般的に日あたりが悪く，水はけも悪いため，生産性がよくありません。そこで，弥生時代後期になると乾田に水を引いて稲作をおこなう形態が増加しました。また，**田植え**もおこなわれるようになります。**鉄製の刃先をつけた農具も弥生時代後期が中心です。**弥生時代前期は**木製の農具**が使用されていました。

このように，弥生時代後期になると農耕が発展

▲高床倉庫（登呂遺跡）

するわけですが，その代表例として静岡県の**登呂遺跡**をおさえておきましょう。

稲作は北海道と沖縄（南西諸島）ではおこなわれませんでした。北海道では**続縄文文化**，沖縄では**貝塚文化**という食料採取文化が続いていきます。

❯ 時代が変わると道具も変わる —— 打製石器

さて，**旧石器時代**は②**打製石器**を使用していました。ただ打ち欠いただけの非常に原始的な石器です。この打製石器が日本ではじめて発見された遺跡の名前として**群馬県の⑬岩宿遺跡**をおさえておくとよいでしょう。この遺跡は，**関東ローム層**という旧石器時代の地層から発見されました。

当時は狩猟をする時代でしたから，獲物を突き刺すのに都合がよい先の尖った**尖頭器**などがつくられました。また，旧石器時代の末期には，**細石器**という非常に小さいけれども鋭い石器も使用されるようになります。10～11ページの表解板書の👆赤字用語については，暗記するというよりも，どの時期のものか識別ができればオッケーです。

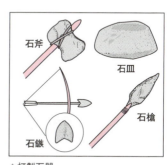

石斧

石皿

石槍

石鏃

▲打製石器

❯ 時代が変わると道具も変わる —— 磨製石器

縄文時代になると，磨くことによって，石器の性能を高めていくようになります。③**磨製石器**の登場です。新しいタイプの石器が登場した時代なので，この時代を**新石器時代**といいます。新石器時代になると，普通は農耕と牧畜がはじまるのですが，日本では新石器時代がはじまっても，**農耕**と牧畜はおこ

原始

古墳 —
飛鳥 —
奈良 —
平安 —
鎌倉 —
室町 —
安土桃山 —
江戸 —
明治 —
大正 —
昭和 —
平成

なわれませんでした。日本における農耕は縄文時代の晩期ごろから，牧畜にいたっては，日本には根付きませんでした。

　ここで，1つ気をつけておきたいのは，縄文時代になっても従来の打製石器も使われていたということです。つまり，**縄文時代は打製石器と磨製石器の両方が使われていた時代**ということになります。

　弥生時代になると，大陸から青銅器や鉄器が伝来します。青銅器は実用性が低いので，もっぱら**祭器**に用いられます。**銅剣・銅鐸・銅矛**などが代表例です。一方，鉄は実用性が高いので，弥生時代を通して農具や工具として，末期には武器として用いられました。

▲銅鐸

001-B　原始時代の生活・社会

❯ 動物が変わると住居も変わる

　旧石器時代は大型動物を狩猟する生活でした。大型動物は大きいので当然，行動範囲も広くなります。ですから，行動範囲の広い動物を狩猟するために，人間も自然に行動範囲が広くなっていきます。そのため，この時代は**移住生活**が基本となります。洞穴や岩陰に住んだり，住居をつくる場合でも簡単な住居でした。

　それが，**縄文時代**になると，狩猟の対象が中小の動物になります。中小の動物は行動範囲も比較的狭いので，**人々は定住生活が可能**になります。その結果，⑦**竪穴住居**という定住のための住居が誕生していくわけです。縄文時代の住居跡遺跡として，**青森県**の**三内丸山遺跡**が有名です。また，縄文時代になると，漁労が盛んになるので，その漁労によって捕った魚や貝の骨や殻を捨てていくようになるわけです。貝は化石として残りやすいので，現在，各地にごみ捨て場である⑧**貝塚**が残っています。貝塚の代表例として，明治時代にアメリカ人**モース**が発見した**東京都**の⑭**大森貝塚**や，日本最大級の貝塚である**千葉県**の**加曽利貝塚**などをおさえておきましょう。

❯ 農耕がはじまると貧富の差ができる ── 弥生時代

弥生時代になると，農耕がおこなわれます。農耕は基本的に共同作業なので，みんなが一か所に定住するようになります。その結果，集落がうまれます。また，農耕がはじまると，人々は米を貯蔵するようになります。米を貯蔵するようになると，貯蔵した米の量の差がうまれます。**貧富の差の発生**です。貧富の差ができると，その富をめぐって争いがうまれます。ですから，集落をつくる際も，敵からの侵入を防ぐための集落が必要になっていきます。

🖐敵からの侵入を防ぐ方法は2つ。まず，集落の周りに濠をめぐらして，敵が簡単に侵入できないようにする方法です。このようにしてできた集落を⑨**環濠集落**といいます。環（まわり）に濠（ほり）が掘られた集落というわけです。佐賀県の⑮**吉野ヶ里遺跡**が代表例です。次に，高台に集落を形成するのも敵の侵入を防ぐのには効果的な方法です。このようにしてできた集落を**高地性集落**といいます。高地に営まれた集落というわけです。

❯ 時代が変わると信仰も変わる

次は，信仰と埋葬です。**旧石器時代**の信仰をあらわす遺物は，ほとんど発掘されていません。ちなみに旧石器時代の人骨は，化石の状態で発掘されるので，この時代の人骨を**化石人骨**といいます。**沖縄県の港川**や**静岡県の浜北**などで発見されています。

縄文時代になると，**アニミズム**（精霊崇拝）という信仰がうまれます。アニミズムとは**自然物や自然現象に霊威を見いだし崇拝すること**です。例えば，海や山・太陽などに霊威を見いだすわけです。

その代表例として，女性をかたどった⑩**土偶**や，男性の体の一部分をかたどった**石棒**などがあります。**抜歯**のような，大人になるための成年儀式がおこなわれていたのも縄文時代のころです。

また，縄文時代は，死者を「おそれ」の対象としてとらえていたようです。そのため，死者がよみがえって生きている者に災いをもたらさないようにするために，遺体を折り曲げて埋葬する**屈葬**がおこなわれていました。

▲土偶

❯ 貧富の差ができると信仰も変わる —— 弥生時代

　弥生時代になると，貧富の差がうまれました。貧富の差がうまれると，裕福な者は自らの権力を示すために，墳墓をつくるようになりました。弥生時代の墳墓には，大きく分けて4種類があります。朝鮮半島から伝わった墳墓で，墳丘の上に石を乗せた⑪**支石墓**，素焼きのカプセル状のものに遺体を収納する⑫**甕棺墓**，四角い形（＝方形）の墳墓で，周囲に溝をめぐらせた（＝周溝）**方形周溝墓**，墳丘に盛り土をおこなった**墳丘墓**などです。

　墳墓がつくられるということは，死者を「おそれ」の対象とみなすことはなくなったということです。む

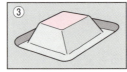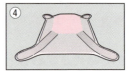

しろ，死者を敬う気持ちがうまれてくるわけです。その結果，屈葬はおこなわれなくなりました。**遺体を折り曲げずに，まっすぐ伸ばした状態で埋葬する伸展葬**がおこなわれるようになります。

▲弥生時代の墓の種類
（①支石墓，②甕棺墓，③方形周溝墓，④墳丘墓）

❯ 時代が変わると土器も変わる

　旧石器時代は，別名を**先土器時代**といいます。先土器時代とは土器のつくられる前（＝先）の時代という意味でした。ですから，旧石器時代には土器は使用されませんでした。

　縄文時代になると，土器が使用されるようになります。この時代の土器は，縄目の文様が施されていることが特徴なので，**縄文土器**といいます。この時代の土器は，まだ技術が未熟なため，**分厚い土器**で，**低温**で焼かれていました。**色は黒褐色**でした。土器の誕生によって食物の煮炊きがしやすくなります。

　弥生時代になると，技術は進歩します。**弥生土器**は**薄手の土器**で，**高温**で焼くようになりました。**色は赤褐色**でした。また，土器の進歩によって，**用途に応じた土器**がつくられるようになりました。貯蔵用の壺，煮炊きをする甕，盛りつけ用の高杯，米を蒸す甑などです。

共通テスト演習問題 1

問題

縄文時代に関して述べた文として正しいものを，次の①〜④のうちから一つ選べ。

① 大型獣のマンモスが増加したのにともない，弓矢が使われた。

② 豊富にとれる木の実をすりつぶすために，細石器が使われた。

③ 食物を煮炊き・貯蔵するために，青銅器が使われた。

④ 入江での漁労が活発化したのにともない，網が使われた。

解説

時期識別で解ける問題です。選択肢に出てきた歴史事項が，旧石器時代のものか，縄文時代のものか，弥生時代のものかを識別することができれば，この問題は難なく解くことができます。用語の暗記を一切必要としません。それでは，解いていきましょう。

① 縄文時代になると弓矢は使われましたが，マンモスなどの大型動物は縄文時代には絶滅してしまいました。「大型獣のマンモスが増加」の部分が✕です。

② 細石器は旧石器時代のものなので✕です。

③ 青銅器は弥生時代に大陸から伝来したものなので✕です。

④ 縄文時代になると漁労が盛んになり，網が用いられるようになったので〇です。

解答 ④

2 大陸文化の伝来とヤマト政権の成立

002-A 大陸文化の伝来

	時期	書名など	事項
弥生時代	紀元前1世紀（前漢）	『漢書』地理志	■倭人は当時，百余国に分かれていた ■①楽浪郡に使いを派遣していた
	1世紀2世紀（後漢）	『後漢書』東夷伝	■②奴国の王が光武帝より印綬を受けた ■倭国で大乱がおこった
	3世紀三国時代（魏）（呉）（蜀）	「魏志」倭人伝	■邪馬台国（約30国の連合体） ●女王は③卑弥呼 ●呪術（＝鬼道）政治をおこなう ■帯方郡を通じて魏に使いを派遣した ●「親魏倭王」の称号を賜る ■卑弥呼の後継者は壱与
古墳時代	4世紀末期	好太王碑（④高句麗の王）	■倭の朝鮮半島出兵 ■倭が高句麗と交戦した
	5世紀	『宋書』倭国伝	■倭の五王（讃・珍・済・興・武）が中国の⑤南朝に使いを派遣 ◗倭王武は中国に上表文を送った ■ヤマト政権の勢力が各地に広がる 江田船山古墳(熊本県) 稲荷山古墳(埼玉県)

これだけ！ワード（共通テストの用語選択で出る語句）━━━━▶ ①小田原

これだけ！プチ（共通テスト重要語句）━━━━▶ 塵芥集

これだけ！フレーズ（共通テスト正誤判断のカギとなるフレーズ）━▶ 北条氏

☜ひとこと！アドバイス（得点アップのワンポイント）━━━▶ ☜分国法

002-B 古墳時代

	前期（4世紀ごろ）	中期（5世紀ごろ）	後期（6世紀ごろ）
地域	畿内中心	九州南部～東北地方	全国各地（有力農民も古墳を築造する）
形態	⑥ 前方後円墳		⑦ 群集墳
石室	■⑧ 竪穴式石室（石室に木棺や石棺を安置） ■粘土槨（石室をつくらない形態）		■⑨ 横穴式石室 ●玄室と羨道がある
副葬品	銅鏡（三角縁神獣鏡） 勾玉・管玉	鉄製武器 武具（甲冑），馬具	武器 土器などの日用品
代表例	●箸墓古墳（奈良県）	●誉田御廟山古墳 ●大仙陵古墳（大阪府）	

002-C 古墳時代の文化

文化	信仰
■⑩ 埴輪：古墳の周りに並べられる （円筒埴輪と形象埴輪がある） ■葺石： 古墳の表面に敷きつめられる ■⑪ 須恵器：朝鮮半島系 硬質の土器 土師器：弥生土器の系譜 ■豪族は大規模な高床式の住居である居館を営んでいた （庶民は竪穴住居に住む） ■渡来人：主に百済から └→文物をもたらす 五経博士：儒教の伝来 仏教伝来：欽明天皇のとき	■⑫ 祈年の祭：春に豊作を祈る ■⑬ 新嘗の祭：秋に収穫を感謝する ■禊・祓：けがれをはらう ■⑭ 太占：鹿の骨を焼き吉凶を占う ■⑮ 盟神探湯：熱湯による裁判

大王と豪族の土地支配

大王	屯倉（直轄地） 田部（耕作農民）
豪族	田荘（私有地） 部曲（耕作農民）

大陸文化の伝来

> ◆ **弥生時代はまだ終わっていません！**
> 　前回，弥生時代までを扱いました。教科書でも授業でも弥生時代まで扱った後にこの単元をやるので，弥生時代の次の時代と勘違いする受験生が多いです。邪馬台国のあった3世紀までは弥生時代なので，注意しましょう！

❯ 紀元前後の交流

　日本が大陸と交流をはじめたのは，**弥生時代**の中ごろからです。前漢の歴史を記した『漢書』地理志には，日本と大陸との最初の交流の様子が記されています。『漢書』地理志によると，倭人（＝日本人）は，100余りの小さな国に分かれていました。それらの国の中には，①**楽浪郡**に使いを派遣する国もあったということです。ここでいう楽浪郡とは，朝鮮半島にあった前漢（＝中国）の植民地のことです。

❯ 1〜2世紀ごろの交流

　次に大陸との交流が記されたのが，後漢の歴史を記した『後漢書』東夷伝で，**1世紀と2世紀**の日本のことが記されています。前漢が紀元前1世紀で，後漢が紀元後の1世紀となります。『後漢書』東夷伝には，具体的な国名が出てきます。②**奴国**です。奴国の王は，**光武帝**から印綬を受けました。印綬を受けるということは，それだけ力のある王が日本に現れたことを意味します。その後，倭国では大きな反乱がおこったと記されています。

❯ 邪馬台国（3世紀ごろの交流）

　次は，**3世紀**です。3世紀の中国は**三国時代**といって，**魏・呉・蜀**の3つの国が並立する時代でした。☞3世紀が三国と頭に入れましょう。3世紀の日本のことを記した歴史書が**「魏志」倭人伝**です。

　「魏志」倭人伝には，**邪馬台国**のことが記されています。邪馬台国は30ほどの小さな国の連合体でした。邪馬台国を中心に政治連合をつくることで，さき

ほどお話しした反乱を終わらせたわけです。邪馬台国の女王は③**卑弥呼**です。卑弥呼は，宗教的な指導者で呪術(＝**鬼道**)による政治をおこなっていました。

邪馬台国は比較的発展した国であると，「魏志」倭人伝に書かれています。**邪馬台国には租税の制度があり，市も開かれていました。**また，**大人・下戸**という身分制度もありました。

邪馬台国は，朝鮮半島にあった**帯方郡**を通じて三国のうちの1つである**魏**に使いを派遣しました。卑弥呼は魏の皇帝から「**親魏倭王**」という称号と，金印・銅鏡100枚を与えられました。卑弥呼がどれだけ魏から評価されていたかがわかります。

卑弥呼の後継者も宗教的な権威を持った女性でした。**壱与**(台与か？)といいます。☞『漢書』地理志・『後漢書』東夷伝・「魏志」倭人伝，以上の3つの歴史書に書かれた内容が，弥生時代の内容となります。

❷ 古墳時代(4世紀ごろ)

4世紀ごろから**古墳時代**になります。ですから，**好太王碑**と『**宋書**』**倭国伝**の内容は古墳時代の内容ということになります。さて，好太王碑の碑文(これは歴史書ではなく石碑に刻まれた文章)ですが，朝鮮半島北部にあった④**高句麗**という国の王様の碑文です。この碑文には，**倭**(＝日本)が朝鮮半島に兵を送り，高句麗と戦ったことが記されています。

さて，それではなぜ倭は兵を送ったのでしょうか？ **倭の王は，朝鮮半島南部の鉄資源を確保するために朝鮮半島に兵を送った**のです。武器の原料である鉄資源を重視したことからも，4世紀末から5世紀になると☞宗教的権威で支配していた権力者から武力で支配する権力者に時代が移っていったことがわかります。

❷ 朝鮮半島の国々(4～5世紀ごろ)

5世紀初め，朝鮮半島北部にあった国が**高句麗**，南西部が**百済**，南東部が**新羅**です。そして，朝鮮半島の先端部分には，倭が朝鮮半島の拠点としていた**加耶**(加羅)がありました。

▲3世紀初期と5世紀初期の朝鮮半島

倭の五王(5世紀ごろ)と金石文

5世紀は**倭の五王（ごおう）**の時代です。倭の五王とは，5世紀に活躍した5人の王(**讃（さん）・珍（ちん）・済（せい）・興（こう）・武（ぶ）**)のことです。**5世紀が，五王の時代**とすれば，頭に入りやすいと思います。倭の五王は，中国の⑤**南朝**に使いを送ります。当時，中国は**南北朝時代**といって2つに分かれていました。

ここで，どうして北朝ではなく南朝になるのかをお話しします。中国の**北朝は北方から来た異民族がつくった国**です。それに対して南朝は，もともと中国にいた漢民族がつくった国です。日本は紀元前1世紀ごろから，もともと中国にいた漢民族と交流がありました。ですから，その流れで北朝ではなく南朝と交流していたわけです。**「北朝か南朝か」を問う正誤判定問題は頻出します。**

倭の五王のうち，もっともメジャーなのが**倭王武**です。武は**雄略天皇（ゆうりゃく）**と考えられています。武は中国に上表文（じょうひょうぶん）を送り，「六国諸軍事安東（あんとう）大将軍（しょうぐん）倭国王」という高い称号を得ます。これは，「私は中国からこんなに高い称号を受けるほど，すごいんだぞっ！」と見せつけ，**倭の朝鮮半島南部における軍事・外交上の立場を有利にする**ためです。

このころから，日本国内でも，漢字で文章が記されます。しかし，日本では紙に書かれた形ではなく，刀や剣・鏡などに記された形で発見されます。このように紙や布以外のものに記された文章のことを**金石文（きんせきぶん）**といいます。

> **POINT**
>
> [金石文の例]
>
> 「獲加多支鹵大王（わかたけるおおきみ）」の名を記した刀剣
>
> 江田船山古墳（えたふなやま）(熊本県)
>
> 稲荷山古墳（いなりやま）(埼玉県)

熊本県の江田船山古墳の鉄刀と埼玉県の稲荷山古墳の鉄剣にはいずれも，「獲加多支鹵大王」の文字が記されていました。ここで重要なのは，ヤマト政権の支配者を表す「**大王（おおきみ）**」の文字が記されていたということです。

この獲加多支鹵大王は，**雄略天皇**と考えられています。2つとも5世紀の金石文と推測されるので，**5世紀ごろにはヤマト政権が九州・関東にまで勢力を広げていた**ことがわかります。

002-B 古墳時代

🔺 **古墳時代は3期に分かれる！**

　次はいよいよ**古墳時代**です。古墳時代は大きく3つに分けられます。4世紀ごろが前期，5世紀ごろが中期，6世紀ごろが後期となります。同じ古墳時代でも，時期がちがうとかなり特徴が異なります。29ページの問題のように，共通テストでもそこをついてくることが予想されますので，時期に注意して学習しましょう。

▶ 古墳の形態の変化

　まず，古墳の形態ですが，前期と中期は⑥**前方後円墳**が中心です。マンガなどでよく出てくるカギ穴のような形の古墳ですね。とくに**中期**の前方後円墳は，**大仙陵古墳**（大阪府にあり，**仁徳天皇**の墓と伝えられている）のように非常に大規模なものになります。なぜなら，古墳というのは自らの権威を誇示するものだからです。「オレはこんなにでかい古墳をつくれるほどのすごい王様なんだぞっ！」って感じですね。**巨大な前方後円墳は，近畿地方だけではなく各地でもつくられました。**

　それが**後期**になると，⑦**群集墳**になります。群集墳とは，小規模な円墳が集合している墓の形態です。小規模な円墳が集合しているということは，支配者以外に有力農民なども古墳を築造するようになったことを意味します。

▶ 石室の変化

　古墳の形態の変化は，**石室の変化**にもつながっていきます。**前期・中期**の古墳は自らの権威を誇示するためのものでした。ですから，古墳は個人の墓ということになります。そこで，縦に穴を掘って，穴の中に棺を納める⑧**竪穴式石室**でした。

　それが，**後期**になると，支配者層以外も古墳をつくるようになります。支配者層以外の人は，1人のための古墳をつくるというのは，経済的にもきついわけです。そこで，**古墳時代後期になると，家族の墓として古墳をつくるよう**

になります。家族の墓となると，家族が死ぬ時期というのは，普通バラバラですから，**後から追加して埋葬する必要**が出てくるわけです。そこで，⑨<mark>横穴式石室</mark>となります。横に穴を掘って石の部屋（**玄室**）をつくります。そして，部屋に行くための通路（**羨道**）をつくるわけです。羨道を通れば，追加して埋葬ができました。

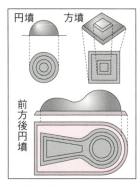

▲古墳の外形

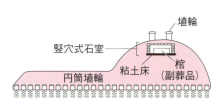

埴輪
竪穴式石室
円筒埴輪
粘土床
棺
（副葬品）

▲竪穴式石室（模式図）

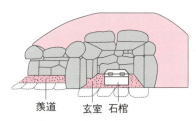

羨道　玄室　石棺

▲後期横穴式石室（模式図）

🌀 副葬品の変化

　副葬品も，時期によって変化します。古墳時代**前期**は，詳しく見ると3世紀末から4世紀です。3世紀といえば，卑弥呼や壱与といった宗教的権威を持った人物が支配者になった時代でしたね。ですから古墳に埋葬された副葬品も，**古墳時代前期**は，**三角縁神獣鏡**などの**銅鏡**や**勾玉・管玉**といった，呪術的なものが中心となります。

　中期は5世紀ごろです。5世紀の支配者は，**倭の五王**に代表されるように，武力で権力を拡大していった人物です。ですから，副葬品も，**鉄製武器**や甲冑などの**武具・馬具**といった武器が中心となります。

　古墳時代の最後となる**後期**の6世紀になると，**群集墳**が出てきて，古墳の位置づけが家族の墓になります。そのため，死後の家族の生活に不自由がないようにという配慮から，**日用品**が副葬されるようになるわけです。

002-C 古墳時代の文化

▶ 古墳時代の文化

さて，次は古墳時代の文化です。まず，古墳の周囲に並べられたものが
⑩**埴輪**です。埴輪には，円筒の形をした**円筒埴輪**と，**形象埴輪**といって家の形
や人間の形をしたものがあります。一方，古墳の表面に敷きつめられたものを
葺石といいます。☞並べられたものか，敷きつめられたものかで区別しましょう。

また，古墳時代の土器には2種類あります。まずは，**朝鮮半島から伝来した**
⑪**須恵器**と，弥生土器の系譜を引く**土師器**です。当時，朝鮮半島は先進地域
でしたから，須恵器のほうが硬質で，丈
夫な土器でした。

次に住居ですが，縄文時代のところで
竪穴住居を習いましたね。当時，庶民は
竪穴住居に住んでいましたが，豪族は**高
床式の住居**である**居館**に住んでいまし
た。

▲円筒埴輪

▲形象埴輪

▶ 渡来人の活躍

古墳時代は，**渡来人**によって大陸からさまざまな文化が伝わった時代でも
あります。主な渡来人をまとめておきます。

> **POINT**
>
> [5世紀]① **弓月君**：機織りを伝えた，**秦氏の祖先**
> ② **王仁**：**論語**などを伝えた
> [6世紀]① **五経博士**：儒教を伝えた
> ② **聖(明)王**：仏教を伝えた(**欽明天皇**のとき)
> ↳百済の王

秦氏の祖先である**弓月君**は機織りを伝えました。☞「秦氏が機織り」で頭に入
れやすいと思います。また，医学や暦法・易法といったものも伝わりました。
これらの渡来人は，いずれも当時，日本と友好関係を持っていた**百済**からやっ
てきたといわれています。

古墳時代の信仰

次は，古墳時代の信仰についてです。当時の経済の基盤は**米の生産**でした。ですから，春には豊作を祈る⑫**祈年の祭**が，秋には収穫を感謝する⑬**新嘗の祭**（大嘗祭）がおこなわれました。

ほかには，けがれをはらう**禊・祓**，吉凶を占う⑭**太占**，裁判の際，熱湯に手を入れて手がただれるか否かで真偽を判定する⑮**盟神探湯**などがあります。それぞれの内容を理解しておいてください。

氏と姓

5世紀ごろになると，大王を中心としたヤマト政権が支配体制を形成していきました。ヤマト政権は，服属した豪族を**氏**という一族に組織しました。そして，氏ごとに**姓**とよばれる称号を与えることで，ヤマト政権の一員にしていきます。

POINT

[氏]
① 血縁的結びつき
② ヤマト政権を構成する豪族たち
[姓]
① 大王から与えられた称号
② 臣・連（中央豪族），君・直（地方豪族）

地方豪族は**国造**や**県主**に任じられて，地方の支配をおこないます。また各地には，大王やその一族に奉仕する集団として，**名代・子代**が設けられました。中央では，**伴造**とよばれる人たちが，職能集団の**品部**を率いて朝廷に奉仕しました。品部は機を織ったり，道具をつくったりしました。

大王と豪族の土地支配

最後に，大王と豪族の土地支配についてです。**大王の直轄地を屯倉**，その**耕作人を田部**といいます。そして，**豪族の私有地が田荘**で，その**耕作人が部曲**です。田荘の「荘」の字は荘園の「荘」の字ですね。荘園とは私有地のことですから，⑯豪族の私有地である田荘にも同じ字を使うとおさえておくとよいでしょう。

共通テスト演習問題 2

問題

　5世紀ごろに関して述べた文として正しいものを，次の①〜④のうちから一つ選べ。

① 墳丘墓とよばれる古墳群が，近畿地方を中心に広がった。

② 大王の名を記した刀剣が，埼玉県や熊本県から出土している。

③ 倭の五王が中国の北朝の宋に朝貢した。

④ 大王の名を記した三角縁神獣鏡が，近畿地方を中心に出土している。

解説

　この問題は，問題文冒頭にあるように，5世紀つまり古墳時代の問題です。5世紀や古墳時代でない選択肢は，無条件で✕となります。

① 墳丘墓は弥生時代の墓です。5世紀ではないので✕です。

② 埼玉県の稲荷山古墳や，熊本県の江田船山古墳からは，「大王」の名を記した刀剣が出土しています。

③ 倭の五王が朝貢したのは南朝なので✕です。

④ 三角縁神獣鏡は，古墳に副葬されましたが，三角縁神獣鏡のような銅鏡が副葬されるのは古墳時代前期（＝4世紀ごろ）です。5世紀ではないので✕。

　この問題は，「5世紀かそうでないか」だけで解くことができました。共通テストの多くの問題は，このように時期識別だけで解くことができます。

解答 ②

3 中央集権国家の確立

6世紀〜7世紀前半の政治

天皇	蘇我	政治	外交など
継体 （けいたい）		6世紀前期 **大伴氏（おおとも）が朝廷の実権**	筑紫国造（つくしのくにのみやつこいわい）**磐井の乱** **新羅（しらぎ）と手を結ぶ**
欽明 天皇 （きんめい）		6世紀中期 **物部氏（もののべ）と蘇我氏（そが）が対立**	■**百済（くだら）から仏教が伝来** ■①**加耶（かや）（加羅（から））が滅亡する**
崇峻 （すしゅん）	②**蘇我 馬子** （うまこ）	■**蘇我氏が物部氏を滅ぼす** ■**崇峻天皇の暗殺**	**隋（ずい）が南北朝を統一**
推古 天皇 （すいこ）		■**厩戸王（うまやとおう）（聖徳太子（しょうとくたいし））が**補佐 ■**冠位十二階（かんいじゅうにかい）** ●身分秩序を再編成した ■**憲法十七条** ●官僚の自覚を求める ●仏教を新しい政治理念にする	■**遣隋使（けんずいし）の派遣** ●**小野妹子（おののいもこ）が中国に渡る** ●**対等外交を要求した** ●留学生（るがくしょう）・留学僧の派遣 （**高向玄理（たかむこのげんり）・旻（みん）**） ■**隋が滅亡する** ■**唐（とう）が建国される**
皇極 （こうぎょく）	**蘇我 蝦夷（えみし）・ 入鹿（いるか）**	■**645年：乙巳の変（いっし）** ●**蘇我氏の滅亡**	■**遣唐使（じょめい）（舒明天皇）** ●**犬上御田鍬（いぬかみのみたすき）の派遣**

これだけ！ワード（共通テストの用語選択で出る語句）──────▶ ①**小田原**

これだけ！プチ（共通テスト重要語句）──────────▶ **塵芥集**

これだけ！フレーズ（共通テスト正誤判断のカギとなるフレーズ）▶ **北条氏**

ひとこと！アドバイス（得点アップのワンポイント）──────▶ **分国法**

表解板書

003-B **7世紀後半の政治**

天皇	都	政治	外交・その他
孝徳天皇	③難波宮	■646年：改新の詔 ●公地公民制	蝦夷の平定：淳足柵・磐舟柵（越後）
斉明		■朝鮮式山城・水城防衛 を目的とする	■阿倍比羅夫の派遣 ■660年：百済の滅亡 百済救援軍の派遣 ■663年：白村江の戦い 唐・新羅連合軍に敗れる
天智天皇 死後	④近江 大津宮	■近江令 ■672年：壬申の乱 大海人皇子 VS 大友皇子 ↳天智の弟 ↳天智の子	⑤庚午年籍の作成 ●全国にわたる最初の戸籍
天武天皇	⑥飛鳥 浄御原宮	■⑦八色の姓 ●皇族中心の身分制度 ■飛鳥浄御原令制定	新羅の朝鮮半島統一 ⑧富本銭の鋳造 ■国史の編纂を命じる
持統天皇	⑨藤原京	■飛鳥浄御原令の施行 ■694年：藤原京に遷都 ●最初の本格的な都城	庚寅年籍の作成 ●6年ごとに戸籍が作成される
文武天皇		■701年：⑩大宝律令 ●刑部親王・藤原不比等 ●唐の律令を手本とした	遣唐使の再開

原始—古墳—飛鳥—奈良—平安—鎌倉—室町—安土桃山—江戸—明治—大正—昭和—平成

31

003-A　6世紀〜7世紀前半の政治

📣 時期の識別がカギ！

　今回は，6世紀と7世紀，つまり飛鳥（あすか）時代の政治について学んでいきましょう。ここでも，暗記しておかなければいけない用語はわずかです。もちろん，それ以外の用語を全く無視していいというわけではありません。それ以外の用語については，時期の識別ができるようにしておかなければいけません。

　しかし，時期の識別さえきっちりできていれば，ほかの受験生のように必死になって丸暗記する必要はないわけです。

❯ 6世紀

　まずは，**6世紀**ですが，6世紀は前期・中期・後期に分けると理解しやすいです。**前期**は継体（けいたい）天皇が中心となった時代で，権力を握っていた豪族は**大伴（おおとも）氏**です。**中期**は欽明（きんめい）天皇が中心となった時代で，権力を握っていた豪族は**物部（ものべ）氏**です。そして，**後期**は蘇我（そが）氏が権力を握る時代となります。

❯ 6世紀前期・中期

　6世紀前期には，大規模な地方豪族の反乱がおこります。筑紫国造磐井（つくしのくにのみやつこいわい）という豪族の反乱です。これを**磐井の乱**といいます。磐井は**新羅（しらぎ）**と手を組んで反乱をおこします。☝日本と新羅は敵対していました。ですから，新羅が反乱をおこした磐井と手を組むということは，納得できると思います。

　6世紀中期になると，磐井の乱を平定した**物部氏**が権力を握ります。このころ，日本と友好関係にあった**百済（くだら）**から仏教が伝わります。仏教を受け入れるかどうかで，物部氏と対立するのが蘇我氏です。**蘇我氏は仏教を受け入れよう**という考えで，**物部氏は仏教を受け入れるべきではない**という考えです。同じころ，朝鮮半島南部にあった①**加耶（かや）（加羅（から）**）が滅亡します。

❯ 6世紀後期

　587年，次の天皇を誰にするかをめぐって，蘇我氏と物部氏の対立が頂点に

達します。この争いは，②**蘇我馬子**の勝利に終わりました。ここから，645年に蘇我氏が滅亡するまで，蘇我氏の時代となるわけです。

蘇我馬子は，自分のいうことを聞いてくれない**崇峻天皇**を家臣に殺させて，**日本初の女帝推古天皇**を即位させます。当時，女性は政治的に力を持てませんでした。ですから，政治をサポートする人間が必要になります。それが**厩戸王**（**聖徳太子**）です。推古天皇の時代は，厩戸王と蘇我馬子による二頭政治であったとおさえておいてください。

▶ 蘇我馬子と厩戸王の政治

ここから，**7世紀前半**です。蘇我馬子と厩戸王は，まず，身分制度にメスを入れます。当時の身分制度とは，一族（＝氏）に対して称号（＝姓）を与える制度でした。つまり，個人の能力ではなく，「どの家にうまれたか？」で身分の決まる時代でした。これを，**個人の能力に応じて冠位を与える制度**にするわけです。この冠位は，**昇進も可能**でした。この制度を**冠位十二階**といいます。

次に，豪族たちに官僚の自覚を求めようとします。つまり，「豪族は，あくまでもヤマト政権の一員である」ことを自覚させようとするわけです。そのため，**官僚の心得**をつくりました。それが**憲法十七条**です。

▶ 厩戸王の外交

次に，外交です。このころ，**隋**が中国を統一しました。ヤマト政権は，**遣隋使**を送ります。このとき，ヤマト政権は1つの冒険をおこないました。それは，隋に対して「**対等外交を要求**」することです。今までは，中国の子分になり，子分として高い地位を得て，権力を拡大しようとしましたが，今回は，中国と対等になろうとしたわけです。このことを記したのが，有名な「日出づる処の天子」で始まる国書です。**隋の煬帝**は，この対等外交の要求に対して怒ります。

しかし当時，隋は高句麗と戦っていました。それに加えて日本までも敵に回すことは適当ではないと煬帝は考え，**裴世清**を日本に派遣して，留学生の受け入れを認めるわけです。日本からは，**高向玄理・旻・南淵請安**らが，留学生・留学僧として隋に渡りました。

▶ 蘇我氏の滅亡

厩戸王が亡くなると，蘇我氏の独裁政治はどんどん進んでいきます。独裁政

治を強化するため，**蘇我入鹿**は，厩戸王の子である**山背大兄王**を死に追いやります。これに反発したのが，**中大兄皇子**です。中大兄皇子は，唐に行った人たちから，唐の様子を聞きます。「中国では，**律令体制**という，皇帝を中心にした強力な政治体制が築かれている。それに比べて，日本は天皇よりも，蘇我氏のほうが力が強い…。」

　中大兄皇子は**中臣鎌足**とともに，**蘇我氏を滅ぼすことを決断します**。これが**乙巳の変**です。乙巳の変で，**蘇我蝦夷・入鹿**父子は殺され，**蘇我氏は滅亡**するわけです。

003-B　7世紀後半の政治

❯ 7世紀後半は律令体制確立期

　7世紀後半は，律令体制を確立する時期です。**律令体制**とは，**中央集権体制**，つまり，天皇を中心に強力な国家を建設していこうとする時期です。この時期は，大きく分けて2つの時期に分かれます。

　最初は，孝徳・斉明・天智天皇の時期です。この時期は，乙巳の変をおこなった**中大兄皇子が権力を握っていた時期**です。そして2番目は，天武・持統・文武天皇の時期です。持統は天武の妻で，文武は天武の孫です。つまり，この時期は，**天武天皇一族の時代**ということになります。

POINT

　[律令体制の確立]
　① 中大兄皇子の時代：孝徳・斉明・天智天皇
　② 天武天皇一族の時代：天武・持統・文武天皇

❯ 孝徳天皇の時代

　最初に天皇になったのは，中大兄皇子ではなく，彼のおじにあたる**孝徳天皇**でした。孝徳天皇は，蘇我氏滅亡後も**蘇我氏の影響力が強かった大和の飛鳥を離れて，大阪の③難波宮に都を移します**。このときに出されるの

が改新の 詔 です。改新の詔では，土地と人々を国家のものとする**公地公民制**や租税の制度などが定められました。

　孝徳天皇は，天皇中心の国家体制を樹立するために，天皇に従わない勢力をおさえつけにかかります。それが**蝦夷の制圧**です。蝦夷とは，関東・東北地方にいた，天皇に従わない人々のことです。孝徳天皇は，蝦夷の制圧のために，**越後**(現在の新潟県)に，**淳足柵・磐舟柵**という城をつくります。次の斉明天皇は，**阿倍比羅夫を蝦夷**に派遣して，制圧をおこなわせます。

[天皇中心の国家体制の樹立]
① 孝徳天皇：淳足柵・磐舟柵を越後に築いた
② 斉明天皇：阿倍比羅夫を蝦夷に派遣した

❯ 斉明天皇の時代

　斉明天皇のときに，朝鮮半島で変動がおこります。**新羅と唐によって，百済**が滅ぼされてしまいます。百済は，朝鮮半島で日本が友好関係を持っていた唯一の国です。百済がなくなると，朝鮮半島における日本の足がかりがなくなってしまいます。そこで，日本は百済を復活させるための軍を朝鮮半島に派遣します。日本軍は，朝鮮半島で唐と新羅の軍隊と衝突します。**白村江の戦い**です。白村江の戦いは，日本の敗北に終わります。

　その後，朝鮮半島では**高句麗**が滅びます。最終的に唐の勢力が朝鮮半島から追い出され，日本と敵対関係にあった**新羅**が**朝鮮半島を統一**します。

[新羅の朝鮮半島統一への道]
百済 の滅亡 → 白村江の戦い
→ 高句麗 の滅亡 → 唐 の撤退 → 新羅 の統一

❯ 天智天皇の時代

　朝鮮半島における足がかりを失った日本は，国内政治に重点をおくようにな

ります。その際，実権を握っていた**中大兄皇子**が**天智天皇**として即位します。天智天皇は，朝鮮からの攻撃に備えて，**水城**などをつくり，都も内陸部の④**近江**大津宮（滋賀県）に移します。そして，人々の支配を強化するために，全国にわたる最初の戸籍である⑤**庚午年籍**を作成します。さらに，天智天皇は，律令体制を確立するために**近江令**をつくったといわれます。

🔵 壬申の乱と天武天皇の即位

　天智天皇が亡くなると，天智天皇の独裁政治に対する不満が噴出します。その不満は，「天智天皇の息子（＝**大友皇子**）を天皇にしたくない」という動きに発展します。これが**壬申の乱**です。壬申の乱の結果，天智天皇の息子の大友皇子が敗れ，**大海人皇子**が**天武天皇**となります。

　天武天皇は，天智天皇の影響の強い近江を離れ，⑥**飛鳥**に都を戻します。そして，皇族中心の身分制度である⑦**八色の姓**をつくり，**飛鳥浄御原令**を制定します。また，天武天皇は⑧**富本銭**という貨幣を鋳造したり，**国史**の編纂を命じたりします。これが後に『**古事記**』『**日本書紀**』になっていくわけです（▷p.70）。**天皇**という称号や**日本**という国号が用いられるようになったのも，このころといわれています。

🔵 持統天皇と文武天皇の時代

　天武天皇の後は，妻である**持統天皇**が即位します。持統天皇は，夫の政策を受け継いで，律令体制の確立に努めます。まず，夫のつくった**飛鳥浄御原令**を施行します。つまり，法律として効力を持つようにするわけです。そして，戸籍を作成します。**庚寅年籍**です。庚寅年籍の大切なところは，この後，**6年ごとに戸籍が作成される**ようになるところです。また，**694年**には最初の本格的な都城である⑨**藤原京**に遷都します。

　このように，🖐持統天皇は，法律（飛鳥浄御原令）・戸籍（庚寅年籍）・都城（藤原京）と，天武天皇がやり残した政策を次々とおこなうわけです。

　最後は，**文武天皇**です。文武天皇は，中央集権体制の確立の総決算として，律令体制の根本法典を作成しました。⑩**大宝律令**です。

　共通テストでは，📖**共通テスト演習問題❸**や📖**共通テスト演習問題❹**のように🖐推古天皇・厩戸王の**6世紀末**から，乙巳の変までの**7世紀前半**，および**7世紀後半**の天武天皇や持統天皇の在任中の時期識別がねらわれます。

共通テスト演習問題 3

問題

　7世紀後半の諸政策について述べた文として正しいものを，次の①〜④のうちから一つ選べ。

① 筑紫国造磐井が新羅と結んで反乱をおこしたが，鎮圧された。
② 最初の全国的な戸籍である庚午年籍がつくられた。
③ 冠位十二階が制定され，豪族が新たな身分秩序のもとに再編された。
④ 百済が滅び，高句麗が朝鮮半島を統一した。

解説

　まずは，選択肢のキーワードの時期を識別していきましょう。①の磐井の乱は6世紀前半なので✕，③の冠位十二階は7世紀前半なので✕。②の庚午年籍と④の百済が滅んだのは7世紀後半ですが，朝鮮半島を統一したのは高句麗ではなく新羅なので④が✕となり，②が正解です。　　　解答　②

共通テスト演習問題 4

問題

　次の文Ⅰ〜Ⅲについて，古いものから年代順に正しく配列したものを，下の①〜⑥のうちから一つ選べ。

Ⅰ 百済復興のために軍を送ったが，白村江で唐・新羅連合軍に大敗した。
Ⅱ はじめての全国的な戸籍として庚午年籍をつくった。
Ⅲ 真人・朝臣・宿禰など八つの姓からなる八色の姓を定めた。

① Ⅰ—Ⅱ—Ⅲ　　② Ⅰ—Ⅲ—Ⅱ　　③ Ⅱ—Ⅰ—Ⅲ
④ Ⅱ—Ⅲ—Ⅰ　　⑤ Ⅲ—Ⅰ—Ⅱ　　⑥ Ⅲ—Ⅱ—Ⅰ

解説

　これも，時期識別ができていれば解ける問題です。白村江の戦いは中大兄皇子のころ，庚午年籍は天智天皇のころ，八色の姓は天武天皇のころとなるので，①が正解となります。　　　解答　①

4 飛鳥文化と白鳳文化

004-A 飛鳥文化

寺院	①飛鳥寺（法興寺）	③法隆寺（斑鳩寺） ↳世界最古の木造建築物	四天王寺（摂津） ↳厩戸王が創建
創建	②蘇我氏の氏寺	④厩戸王（聖徳太子） が創建	
仏像	飛鳥寺釈迦如来像 ●伝鞍作鳥の作	法隆寺金堂釈迦三尊像 ●伝⑤鞍作鳥の作 法隆寺夢殿救世観音像 法隆寺百済観音像	中宮寺半跏思惟像 ↳正式名は中宮寺菩薩半跏思惟像 広隆寺半跏思惟像 ↳京都市
工芸		玉虫厨子（法隆寺）	中宮寺天寿国繍帳 ↳正式名は中宮寺天寿国曼荼羅繍帳

🔍 飛鳥文化の図や絵はこれだけ！

⊕玉虫厨子（法隆寺）

⊕法隆寺金堂釈迦三尊像

⊕中宮寺半跏思惟像

⊕中宮寺天寿国繍帳

004-B 白鳳文化

寺院	仏像	その他
薬師寺（やくしじ）	●金堂薬師三尊像 ●東院堂聖観音像（しょうかんのんぞう）	**薬師寺東塔**（とうとう）(三重塔) 　各層に**裳階**（もこし）がつくられている
法隆寺	●阿弥陀三尊像（あみだ） ●夢違観音像（ゆめたがい）	**法隆寺金堂壁画** ↳1949年に焼損した
興福寺（こうふくじ）	⑥**興福寺仏頭**（ぶっとう） ↳もと山田寺の本尊だった	藤原氏の氏寺
その他		●⑦**高松塚古墳壁画**（たかまつづかこふん）(奈良県**明日香村**（あすか)) ●漢詩人：⑧**大津皇子**（おおつのみこ)・**大友皇子**（おおとものみこ) ●歌人：⑨**柿本人麻呂**（かきのもとのひとまろ)・⑩**額田王**（ぬかたのおおきみ)

🔍 白鳳文化の図や絵はこれだけ！

⬆興福寺仏頭　⬆薬師寺東塔　⬆高松塚古墳壁画

☞写真を載せている文化財については，写真を見て「いつの時代の文化のものか？」を識別できるようにしておいてください。この後の時代も同様です。

これだけ！ワード（共通テストの用語選択で出る語句）——→ ①**小田原**
これだけ！プチ（共通テスト重要語句）——→ **塵芥集**
これだけ！フレーズ（共通テスト正誤判断のカギとなるフレーズ）——→ 北条氏
☞**ひとこと！アドバイス**（得点アップのワンポイント）——→ ☞**分国法**

🔻 **文化史と政治史をからめた問題に注意！**

　今日は日本最初の仏教文化である飛鳥文化と，その次の時代の白鳳文化を扱います。共通テストでは，文化史と政治史をからめた問題が出題されるので，文化史を学習するときは，「このころ政治はどうだったか？」を絶えず意識しておいてください。

❯ 飛鳥文化と白鳳文化

　飛鳥文化は，前回の32～33ページで扱った**6世紀後半**と**7世紀前半**の文化です。つまり，蘇我氏が権力を握っていた時代の文化です。次の白鳳文化は，前回の34～36ページで扱った7世紀後半の文化です。ただし，白鳳文化は主に壬申の乱（▷p.36）以降，つまり天武天皇の一族の時代の文化となります。

POINT

［文化と時代］
① 飛鳥文化
　6世紀後半～7世紀前半（蘇我氏の時代）
② 白鳳文化
　7世紀後半（天武天皇一族の時代）

❯ 飛鳥文化 ── 日本最初の仏教文化

　それでは，飛鳥文化からです。6世紀の後半，蘇我氏が権力を握りました。蘇我氏は，前回学んだように仏教を推進する立場でしたから，🖐蘇我氏が権力を握ると，仏教が盛んになります。そのため，飛鳥文化は日本最初の仏教文化ということになるわけですね。

　仏教文化なので，仏教の本場である朝鮮半島の百済や高句麗，中国の南北朝時代の文化の影響を受けます。ちなみに，🖐日本と新羅は敵対関係にあったので，新羅の文化の影響は受けていません。

◆ 氏寺が権威の象徴に

仏教中心の文化となるので，この時代は，寺院の重要性が増します。**豪族は一族の権威を誇示する目的で氏寺を建立**します。飛鳥文化の前の古墳文化では，立派な古墳をつくることが豪族の権威の象徴でしたから，🖐**古墳から氏寺に権威の象徴が変わった**ということです。②**蘇我氏**の①**飛鳥寺**が有名です。

蘇我氏とともに権力を握っていた④**厩戸王**(**聖徳太子**)もいくつかの寺院を建立しました。飛鳥文化を代表する寺院である③**法隆寺**と，摂津国(現在の大阪府)にある**四天王寺**です。

▲世界最古の木造建築・法隆寺(奈良県)

◆ 世界最古の木造建築物 ── 法隆寺

法隆寺は世界最古の現存する木造建築物です。実はこの法隆寺，創建当時のものか，それとも後に再建されたものかで議論が分かれていました。その議論の最中に，**若草伽藍**という跡から，法隆寺の焼け跡が発見されます。そのため，**法隆寺は，一度焼けたが後に再建された**ものであるということがわかったわけです。ただ，後に再建されたといっても，世界最古の現存する木造建築物であることには変わりません。

◆ 仏像は2種類に注目

それでは，次に仏像にいきましょう。飛鳥文化の仏像は大きく分けて2種類あります。まず，当時を代表する仏師である⑤**鞍作鳥**の作と伝えられる仏像です。代表作は，**法隆寺金堂釈迦三尊像**や，飛鳥寺釈迦如来像などがあります。とくに，🖐**法隆寺金堂釈迦三尊像は，写真を見て飛鳥文化の仏像であると識別できるようにしておいてください。**38ページの写真を見て，仏像の名前をいえるようになる必要は，とくにありません。あくまでも識別できるようにしておいてください。

もう1種類は，**半跏思惟像**です。あぐらをかいて瞑想しているかのような仏像ですね。半跏思惟像は**中宮寺**(奈良県)・**広隆寺**(京都府)などの法隆寺以

外の寺院で見られます。最後に，**法隆寺百済観音像**や，**法隆寺夢殿救世観音像**あたりは，ほとんど出題されませんが，☞余力のある人は，教科書などで名称や作品の写真を見て，飛鳥文化のものであると識別できるようにしてください。

❷ 飛鳥文化の工芸品

次は，工芸品です。**法隆寺**には**玉虫厨子**という工芸品があります。ここには須弥座絵・扉絵が描かれています。また，**中宮寺**には**天寿国繡帳**という刺繡が残っています。これらも，38ページの☞写真を見て，飛鳥文化であると識別できればオッケーです。あと，余力があれば，**獅子狩文様錦**が飛鳥文化のものであるという識別ができれば完璧です。

❷ 飛鳥文化の仏教と学問

最後に，仏教・学問などについてです。まず，厩戸王と蘇我馬子は，歴史書である『天皇記』と『国記』を編纂します。『天皇記』と『国記』は乙巳の変で焼失したといわれ，現在は残っていません。さらに，厩戸王は，**法華経・維摩経・勝鬘経**という3つの経典の注釈書である三経義疏を書いたとされます。

そのほかに，ややこしいところで，☞頻出するのが，**観勒と曇徴**です。観勒は**暦**を，曇徴は紙・墨・絵の具の技法を伝えたとされます。とくに☞曇徴は日本と友好関係になかった高句麗から来たという点が盲点です。注意しましょう。飛鳥文化はこんなものです。☞用語を暗記するのではなく，「何文化に属するのか？」に重点をおいて学習していってください。

POINT

[渡来人の活躍]

① 観勒（百済の僧）

　暦法を伝えた

② 曇徴（高句麗の僧）

　紙・墨・彩色の技法を伝えた

004-B 白鳳文化

◗ 律令体制確立期の文化 —— 白鳳文化

　次は，**白鳳文化**です。白鳳文化は**7世紀後半**の文化です。7世紀後半というと，乙巳の変の後となります。つまり，律令体制，中央集権体制が確立した時期の文化ということになります。そのため，**白鳳文化の中心人物である天武天皇は，仏教を国家の統制下におこうとします。**「土地も人も仏教も」すべて国家のものとしようとしたわけです。

　また，律令国家は唐の影響を受けてつくられた政治体制でした。そのため，白鳳文化も，**中国の初唐文化の影響を受けた文化**となります。

◗ 白鳳文化の仏像

　白鳳文化の仏像には，変わったものがあります。それは⑥**興福寺仏頭**です。これは，仏像の頭の部分しかないのです。もともとは胴体の部分もあったらしいのですが，現在は頭の部分しか残っていません。この**興福寺仏頭は，もともと飛鳥の山田寺のものであったもの**を興福寺の人たちが興福寺に持ってきたといわれています。

　ほかの仏像については，余力のある人だけでかまいませんが，表解板書（▷p.39）に書かれている仏像が白鳳文化のものであると識別できるようにしておけば完璧です。教科書などで写真を見ておくと，なおよいです。

　次は寺院です。**白鳳文化の代表的な寺院は薬師寺**です。**薬師寺は，天武天皇が皇后の病気が治ることを祈って建立した寺院**です。薬師寺の代表的な建築物は**東塔**です。この東塔，実は三重塔なのですが，各層に**裳階**とよばれるひだがついています。そのため，六重塔のように見えます。

◗ 白鳳文化の壁画

　☝白鳳文化は，壁画に重要なものが多いです。まずは，**法隆寺金堂壁画**からです。☝金堂壁画は法隆寺のものなのに，飛鳥文化ではないところが盲点です。☝時期識別問題として本当によく出題されます。　注意しましょう。なお，この壁画は現在残っていません。戦後間もない1949年に焼失してしまいまし

た。金堂壁画の焼失がきっかけになって，1950年に文化財保護法という法律が制定されました。

　そのほかに，白鳳文化を代表する壁画に明日香村の⑦高松塚古墳壁画があります。これは，1972年に発見された壁画です。☞「古墳」という字がありますが，古墳時代の壁画ではないという点に注意してください。

❯ 白鳳文化の文学

　最後は，文学などです。まず，白鳳文化の漢詩人としては，⑧大津皇子や大友皇子が有名です。彼らは白鳳文化の人ですが，奈良時代の漢詩集である『懐風藻』に多くの歌が残っています。

　また，歌人では，天皇の神格化をうたった⑨柿本人麻呂や，女性の歌人である⑩額田王が有名です。彼らは白鳳文化の歌人ですが，奈良時代の和歌集である『万葉集』に多くの歌が残っています。

　このように，☞白鳳文化の漢詩人や歌人は，奈良時代の和歌集や漢詩集にその作品が残っているという点に注意してください。出題のされ方としては，これらの☞白鳳文化の漢詩人や歌人について，白鳳文化の人か奈良時代の人かを識別させる問題が多いです。

　それでは，📖共通テスト演習問題**5**で，問題を解いていきましょう。講義でも何度も強調したように，☞時期識別ができるかどうかがポイントです。ちなみに，☞過去のセンター試験では，この時代の文化については，用語の暗記を要求した問題は，1問も出題されていません。

共通テスト演習問題 5

問題

　白鳳文化に属する仏像として正しいものを，次の①〜④のうちから一つ選べ。

①

②

③

④

解説

　文化史の写真を用いた問題は，名称を答えさせる問題ではなく，このように，写真を見せて時期を問う問題がメインです。①は興福寺八部衆像（▷p.67）で，天平文化。②は大阪府観心寺の如意輪観音像（▷p.84）で，弘仁・貞観文化。③は平等院鳳凰堂の阿弥陀如来像（▷p.95）で，国風文化。④が白鳳文化のところで見た興福寺仏頭（▷p.39）なので，正解は④となります。

解答 ④

5 律令国家の形成

005-A 律令体制

律令	■①唐を手本 ■②律：刑法 ■③令：行政法・民法	二官	■神祇官：神祇・祭祀をつかさどる ■太政官：政治をおこなう・合議機関・下に八省
左弁官	■中務省：詔書の作成 ■式部省：人事・学問 治部省：仏事・外交事務 ■民部省：民政・租税	右弁官	■兵部省：武官の人事・軍事 ■刑部省：裁判・刑罰 ■大蔵省：財政・貨幣 ■宮内省：宮中事務
畿内	山背(のちの山城)・大和・河内・和泉・摂津	七道	■東山道・東海道・北陸道・山陽道・山陰道・南海道・西海道
要地	■京職：京におかれた 摂津職：難波におかれた ■大宰府：九州におかれた	諸国	■国司：中央から派遣された ■郡司：地方豪族から任命 ■里長：1里は50戸で構成
身分制度	■良民 ■賤民 ●官有：陵戸・官戸・公奴婢 ●私有：家人・私奴婢	貴族の特権	■官位相当制：位階に応じた官職が与えられる ■蔭位の制：父や祖父の位階に応じて位階が与えられる ●位田・職田が支給される ●庸・調・雑徭・兵役が免除される
司法	■五刑：笞・杖・徒・流・死 ■八虐：重罪		

これだけ！ワード（共通テストの用語選択で出る語句）─────→ ①小田原

これだけ！プチ（共通テスト重要語句）─────────→ 塵芥集

これだけ！フレーズ（共通テスト正誤判断のカギとなるフレーズ）→ 北条氏

ひとこと！アドバイス（得点アップのワンポイント）──────→ 分国法

005-B 律令税制

	正丁（せいてい）（21～60歳）*	次丁（じてい）（61～65歳）*	中男（ちゅうなん）（17～20歳）*
租（地方税）	■1段あたり稲2束2把（たん・そく・わ）を納める（**収穫の約3%にあたる**） ■田にかかる税のため，女子や貴族などすべての人に課税		
庸（**中央税**）	中央での労役（歳役）（さいえき）の代わりに，**麻布**を納める	正丁の1/2	なし
調（**中央税**）	**地方の特産品**を納める	正丁の1/2	正丁の1/4
④雑徭（**地方税**）	**国司**のもとで**労役**（60日以内）	正丁の1/2	正丁の1/4
兵役	■**3～4人に1人** ■各地の軍団で訓練	なし	なし

＊いずれも男子

005-C 律令体制下の負担と土地制度

負担	各地の軍団で訓練を受けた兵士がついた任務 ■⑤衛士（えじ）：**宮城や京内の警備**，1年間 ■⑥防人（さきもり）：**九州の沿岸警備**，3年間，主に**東国の農民**	■義倉（ぎそう）：凶作に備えて**粟**（あわ）を納める ■⑦出挙（すいこ）：春に稲を貸し付けて，秋に利息とともに徴収 ■運脚（うんきゃく）：庸・調を中央に運ぶ
土地制度	■⑧口分田（くぶんでん） ●6歳以上の男女に支給 ●男子は2段 ●女子は3分の2（1段120歩（ぶ）） ■条里制（じょうりせい）：**碁盤の目**状に区画	■⑨戸籍（こせき）：**6年に一度**作成 ●班田収授の基本台帳 ■⑩計帳（けいちょう）：**毎年**作成 ●庸・調賦課の基本台帳

005-A 律令体制

🔔 律令体制も丸暗記じゃなく流れでね！

　今回は律令体制です。この単元，「暗記することが多くて嫌だな～」と思うかもしれませんが，どうしてこのような体制が整えられたのかを理解しながら学んでいけば，楽に頭に入れることができますよ！

▶ 律と令のちがい

　律令という言葉がありますが，実は，律と令は全くの別物です。②**律**は刑法です。☜「**人を律する**」という言葉から，人々を裁く刑法であると連想するとよいでしょう。③**令**は☜命令の「令」の字ですから，令とは命令，つまり**行政法**や民法をさします。ですから，36ページで出てきた☜**近江令や飛鳥浄御原令**は，**令だけで律がなかった**ということになります。

　この律令は①**唐**の国をモデルとしたものです。最初につくられた律令は8世紀初めの**大宝律令**で，その後**養老律令**が制定されることとなります。この2つの律令に関わったのが，当時の最高権力者であった**藤原不比等**でした。

▶ 中央官制のしくみ

　律令体制の政治では，中央に**二官**がおかれました。神祇をつかさどる**神祇官**と，政治をおこなう**太政官**です。律令体制の政治は，太政官の合議制でおこなわれ，太政官の下には**八省**（8つの省）がおかれました。

　重要なものを見ていきましょう。まず，**中務省**ですが，☜政治の「中をつかさどる」から中務省です。当時の政治の中心は天皇の詔書ですから，中務省の主な仕事は詔書の作成ということになります。次に，**式部省**です。☜儀式や人事・学問をつかさどります。あとは，☜民政や租税を担当する**民部省**もおさえておきましょう。

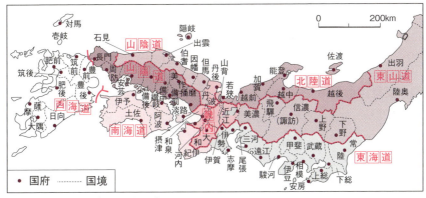

▲五畿七道図（8世紀ごろの行政区分）

地方制度

　全国は**畿内**と**七道**に分かれます。👆**東山道・南海道・西海道は現在使われて**いないので，きっちりおさえましょう。　**東山道**は，東海道よりも山よりなので，東山道といいます。**南海道**は現在の四国，**西海道**は現在の九州にあたります。

　諸国には，**国・郡・里**がおかれました。郡は，大宝律令以前には**評**とよばれていました。国には**中央から派遣された国司**が，郡には**地方の豪族出身の郡司**が任命されました。里には**里長**がおかれ，1里は**50戸**から構成されました。

身分制度と貴族の特権

　当時の身分は，大きく**良民と賤民**に分かれます。賤民には，官有の賤民と私有の賤民がいました。

　次に，貴族の特権です。貴族は位階（＝地位）に応じた官職（＝仕事）が与えられます。　これを**官位相当制**といいます。また，**五位以上の父や三位以上の祖父を持つ者については，自動的に位階が与えられる蔭位の制**もありました。この結果，位階が世襲されるようになります。

　また，貴族は位階に応じて**位田**，官職に応じて**職田**が支給されました。しかも，**貴族は庸・調・雑徭・兵役などの税がことごとく免除**されていました。貴族にさまざまな特権を与えることで，律令体制を維持しようとしたのです。

　司法制度については，笞（ムチでたたく）・杖（杖でたたく）・徒（懲役刑）・流（流罪）・死（死罪）の五刑がありました。また，天皇や国家や尊属（親族）に対する罪を**八虐**といいます。八虐は貴族でも**減免されない**重罪でした。

原始 ― 古墳 ― 飛鳥

奈良

平安 ― 鎌倉 ― 室町 ― 安土桃山 ― 江戸 ― 明治 ― 大正 ― 昭和 ― 平成

律令税制

▶ 税負担の基本

　律令体制の税制の基本は，成年男子への人頭税（じんとうぜい）でした。言い換えると，貴族以外に，子供や老人，そして女性にはほとんど税は課せられませんでした。税負担は，成年男子の年齢に応じてその負担額が変化しました。一番負担が重いのが21歳から60歳までの正丁（せいてい），次に61歳から65歳までの次丁（じてい）(老丁（ろうてい）)，最後に17歳から20歳までの中男（ちゅうなん）(少丁（しょうてい）)という順になります。

▶ 租・庸・調

　租はほかの税とは異なり，人にかかる税ではなく，田にかかる税でした。そのため，田んぼがある限り，どんな人でも課税されます。つまり，女性や貴族なども課税されたわけです。しかし，租の負担は比較的軽く，収穫の3%程度でした。

　庸は中央で働く代わりに麻布を納める税で，調は地方の特産物を納める税でした。④雑徭は，国司のもとで最大60日働く税負担です。2か月もの間ただ働きですから，これは税負担としてはかなり重いことがわかります。

　ここで，非常に大切なのが，それぞれの税が中央に納める税か，地方に納める税かということです。租と雑徭が地方税，庸と調が中央税となります。それから，兵役も含めて，租以外の税は，すべて成年男子のみに課せられたものであるということです。

POINT

[律令税制]
① 租：地方に納める
② 庸・調：中央に納める
③ 雑徭：国司のもとで60日以内の労役

005-C 律令体制下の負担と土地制度

❯ 兵役や税の負担

次は，**兵役**です。兵役は全員ではなく，**正丁3〜4人に1人の割合で課され**ました。兵役に任じられた人は，**各地の軍団で訓練を受け**，その中から，京の警備である⑤**衛士**や，九州の警備である⑥**防人**に任命されます。兵役の際の食料・武器は各自が負担しなければいけなかったので，非常に重い税負担となっていました。

それから，凶作に備えて粟を納める**義倉**，春に稲を貸し付ける⑦**出挙**，庸・調を中央に運ぶ**運脚**なども，当時の税負担としておさえておいてください。

❯ 土地制度

律令体制では，**公地公民**が原則です。**土地と人は国家の所有物**であるという発想です。そして，人々は国家の所有物である土地を分け与えられるわけです。これを⑧**口分田**といいます。口分田は，**男子は2段，女子はその3分の2**が支給されました。ここでいう「段」とは，面積の単位です。

口分田を班給するため，田地は**碁盤の目状に区画**されました。これを**条里制**といいます。🖐この後に出てくる平城京も碁盤の目状に区画されましたが，この区画は**条坊制**というので，注意しましょう（▷p.57）。

❯ 戸籍と計帳

さて，人々に田を分け与えるのは，人々から税を搾り取るためです。田を分け与えるためには，「誰に口分田を与えるべきか，誰から口分田を返してもらうべきか」を調べる必要があります。その調査の結果が⑨**戸籍**に記されるわけです。口分田を分け与えるのが6年に一度だったので，戸籍は**6年**に一度作成されました。

一方，庸や調といった税を集めるときも，「誰から庸や調を搾り取ることができるか？」を調べる必要があります。そのために作成されるのが⑩**計帳**です。庸や調は毎年集めるため，計帳も**毎年**作成されたわけです。

問題

　律令制施行前の豪族と，律令制施行後の支配者層に関して述べた次の文a～dについて，正しいものの組合せを，下の①～④のうちから一つ選べ。

- a　有力な中央豪族は貴族となり，官位相当制によって，その子や孫は位階の授与が優遇された。
- b　有力な中央豪族は貴族となり，蔭位の制によって，その子や孫は位階の授与が優遇された。
- c　国司は主に，かつての国造など，その地域で代々有力な地方豪族が任じられた。
- d　郡司は主に，かつての国造など，その地域で代々有力な地方豪族が任じられた。

① a・c　　　② a・d　　　③ b・c　　　④ b・d

解説

　選択肢を見るとaかbのどちらか一つだけが正しく，cかdのどちらか一つだけが正しいということがわかります。

　aとbですが，位階の授与が優遇される制度は蔭位の制なので，bが正解。「お蔭で位がもらえる」とおさえておけばよいでしょう。

　cとdは，地方豪族が任命されたのは郡司です。国司は中央から派遣されました。ですからdが正解となり，答えは④となります。

解答　④

共通テスト演習問題 7

問題

律令国家の税制・労役等に関して述べた文として正しいものを，次の①〜④のうちから一つ選べ。

① 収穫の約3%を納める租は，運脚によって都へ運ばれた。
② 6年に一度，人民を把握するための台帳として計帳がつくられた。
③ 国司の命令で地方での土木工事などに従事する雑徭が課された。
④ 主に西日本から集められた防人が，九州沿岸の防衛にあたった。

解説

① 租は地方の税です。都に運ばれないので✕となります。
② 計帳（けいちょう）は毎年作成されました。「6年に一度」の部分が✕となります。
③ 雑徭（ぞうよう）は「国司の命令で」働く税のことです。
④ 防人（さきもり）は主に東日本から集められたので✕です。

解答　③

6 奈良時代の政治

006-A 奈良前半の政治

天皇	権力者	政争など	政治
元明 天皇	①藤原 不比等	■710年：②平城京遷都	■和同開珎の鋳造 ■蓄銭叙位令
元正 天皇			■養老律令の制定
	③長屋王		■百万町歩開墾計画 ■④三世一身法
⑤聖武 天皇	藤原 四子	→ 長屋王の変 →	光明子が皇后に
	⑥橘 諸兄	■吉備真備・ ↓⑦玄昉の登用 ■740年：藤原広嗣の乱 └藤原宇合（式家）の子 ●九州で吉備真備・玄昉 の排除を求めた反乱	■恭仁京・難波宮・ 紫香楽宮に遷都 ■国分寺建立の詔 ■大仏造立の詔 ■墾田永年私財法

これだけ！ワード（共通テストの用語選択で出る語句）──────→ ①小田原

これだけ！プチ（共通テスト重要語句）──────→ 塵芥集

これだけ！フレーズ（共通テスト正誤判断のカギとなるフレーズ）──→ 北条氏

🖐ひとこと！アドバイス（得点アップのワンポイント）──────→ 🖐分国法

006-B　奈良後半の政治

天皇	権力者	政争など	政治
孝謙 天皇	⑧藤原 仲麻呂	■橘奈麻呂の変 ↳橘諸兄の子	■大仏開眼供養 ■養老律令の施行
淳仁 天皇		■道鏡の台頭→恵美押勝の乱（藤原仲麻呂の反乱） ↳孝謙太上天皇が信任	
称徳 天皇	⑨道鏡	道鏡が太政大臣禅師・ 法王 →宇佐八幡神託事件	→寺院以外の加墾禁止令
⑩光仁 天皇	藤原 百川	道鏡が左遷される	開墾制限撤廃→初期荘園

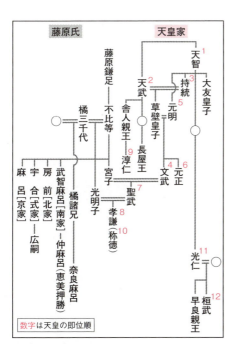

●天皇家と藤原氏の系図
　孝謙天皇は一度退位し、再び称徳天皇として即位。

奈良前半の政治

🔖 **政権担当者の規則性に注目して覚える!**

　共通テストの空所補充で必要とされる用語は，表解板書の①～⑩だけです。それ以外で色文字になっている用語については，「奈良時代であることの識別」「用語の意味を理解」ができていれば，オッケーです!

　奈良時代の政治については，政権担当者がドンドン変わっていくので，ややこしいと思う人が多いです。しかし，その部分がクリアできれば，本当に楽にマスターできる単元です。頑張っていきましょう。

❯ 奈良前半は藤原氏と皇族出身者が交互

　🖐奈良時代は，大きく前半と後半に分けることができます。54ページの表解板書にもあるように，**奈良時代前半**の🖐政権担当者は次の4名です。

POINT

[奈良時代前半の権力者の変遷]
藤原不比等（藤原氏） → 長屋王（皇族）
→ 藤原四子（藤原氏） → 橘諸兄（皇族）

　ここで気づくことがありませんか？　実は，政権担当者は🖐藤原氏と藤原氏以外が交互に担当しているのです。しかも，長屋王と橘諸兄は，いずれも皇族出身の人物です。つまり，🖐藤原氏と皇族出身者が交互に政権を担当しているのが，奈良時代前半の政治なのです。ですから，例えば「藤原不比等の死後，□□□が政権を握った」とあれば，少なくとも，空欄には藤原氏の人間でなく，皇族出身者が入るということになるわけです。

　奈良時代前半は，🖐さらに細かく2つの時期に分けることができます。最初は**元明天皇**・**元正天皇**の時期。後半は**聖武天皇**の時期です。そして，🖐それぞれの時期に，藤原氏と皇族出身者が1名ずつ政権担当者になっています。

❯ 中央集権体制の確立期 ── 元明天皇

　奈良時代最初の天皇が**元明天皇**です。このときに律令体制の総決算といった形で，②**平城京**に都を移します（**710年**）。立派な都をつくることによって，天皇中心の中央集権体制を強化しようとしたわけです。

　さて，右の平城京の図を見てください。☝**受験生がよく間違えるのが，右京と左京**です。みなさんのほうから見て**左側が右京，右側が左京**となっています。なんだか逆になって

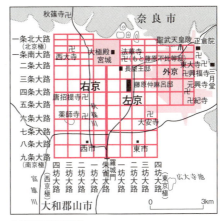

▲平城京の区画図

いて覚えにくいように感じるかもしれませんが，これは非常に合理的なのです。平城京の中央の一番上にあるのが，天皇が住んでいる**宮城**です。いうまでもなく，平城京は天皇がつくったものです。

　天皇が宮城から平城京を見るとどうなると思いますか？　当然，右京といわれるほうが右側，左京といわれるほうが左側になります。つまり，**右京と左京は，「天皇の視点から見た」名称**ということになるわけです。天皇がつくった都ですから，天皇を中心に名称をつけるのは当然だということはわかると思います。

　平城京の東側には**東市**，西側には**西市**という**官営の市**が開かれます。この市は**市司**という役人が管理しました。また，都と地方を結ぶ幹線道路には**駅家**が設けられ，馬と人が配置されました。これは**役人が利用するために**用いられたものです。

❯ 和同開珎

　次に，元明天皇は中央集権体制を誇示する目的で，**和同開珎**という貨幣をつくります。飛鳥時代は**富本銭**（▷p.36），奈良時代は**和同開珎**です。貨幣をつくるということは，日本の支配者であることを意味します。なぜなら，支配者以外の人が貨幣をつくったら，それは「偽カネ」になりますよね。つまり，「貨幣をつくっている」＝「自分は日本の支配者である」となるわけです。

　ただ，当時は，**貨幣の代わりに布や米を用いていた**時代で，**貨幣はなかなか**

流通しませんでした。流通しない貨幣をつくっているというのでは，律令国家のメンツ丸つぶれです。そこで，**貨幣を流通させる目的で**，**蓄銭叙位令**（ちくせんじょいれい）を出します。しかし，結局，貨幣はほとんど流通しませんでした。☞**貨幣の流通は，鎌倉時代以降**ということになります。

　このように，中央集権体制を確立するのが，**元明天皇**の時期ということになります。この元明天皇のときに政権担当者だったのが，①**藤原不比等**です。藤原不比等といえば，**刑部親王**（おさかべしんのう）とともに**大宝律令**（たいほうりつりょう）（▷p.36）を制定した人物でしたね。つまり，☞**律令体制の根本となる法典をつくった人物が，平城京や和同開珎といった律令体制を象徴するものもつくった**とおさえておくと，頭に入りやすいと思います。

❷　長屋王の時代

　藤原不比等は，**養老律令**を制定（**718年**）した直後に亡くなります。藤原不比等は，藤原氏中心の独裁政治をおこなっていたので，皇族を中心に藤原氏に対する反発がおこっていました。そういったアンチ藤原氏の人たちによって，権力の座にかつぎ出されたのが，③**長屋王**です。「王」という字からもわかるように，彼は皇族です。このように，☞**藤原氏とアンチ藤原氏が交互で政権を担当するのが，奈良時代の政治の特徴です。**

　長屋王のころ，政府は財政難におちいっていました。理由は2つ。まず，平城京造営でものすごくお金を使っていたことです。次に，50ページで習ったように，律令体制の税負担は非常に重いものだったので，税をのがれるために，**浮浪**（ふろう）や**逃亡**（とうぼう），つまり**失踪**（しっそう）**する人が多かった**のです。失踪した人から税を取ることはできませんし，失踪した人の土地（＝**口分田**（くぶんでん））は，放ったらかしになるので，当然荒れ果てていきます。

　そこで，☞**長屋王は土地政策を積極的におこなっていく**わけです。まず，**百万町歩開墾計画**（ひゃくまんちょうぶかいこん）を立てて，開墾（田を切り開くこと）を奨励します。しかし，ただ開墾を奨励しても，人々は開墾しません。何か見返りがないといけないわけです。そこで出されるのが，④**三世一身法**（さんぜいっしんほう）（**723年**）です。三世一身法では，開墾した人に対して，**期限付きではありますが，土地の私有を認める**わけです。

POINT

[三世一身法]（723年）

① 新しく池や溝をつくって開墾した土地

　　→ 三代 の私有を認める

② 旧来の池や溝を利用して開墾した土地

　　→ 本人一代 の私有を認める

❯ 藤原四子の時代

　さて，次は**奈良時代**の中心となった⑤**聖武天皇**の時代です。聖武天皇は奈良時代の中心となる天皇だけに，この天皇の間に権力者が2組現れます。**藤原四子**と**橘諸兄**です。

　藤原四子とは，藤原不比等の4人の子供のことです。なぜ藤原四子が勢力を握ったかというと，聖武天皇の祖父が藤原不比等だからです。つまり，聖武天皇は藤原氏と血縁があるため，聖武天皇が天皇に即位するとともに，藤原四子も権力を握るわけです。

　さて，藤原四子の前に権力を握っていた人物は誰でしたか？　そう，藤原氏の前ですから，皇族の長屋王です。藤原四子が権力を握っても，長屋王は，依然として左大臣として力を持っていました。そこで，藤原四子は，長屋王に謀反の罪をかぶせて，政治の世界から追放したのです。それを**長屋王の変**（729年）といいます。

　長屋王がいなくなったので，藤原四子にはもうライバルがいません。そこで，藤原四子は，**光明子**を皇后にしました。皇后とは，天皇の正式な配偶者のことです。当時は，一夫多妻制の時代で，天皇には何人も奥さんがいました。そのうちの皇后というのは，本来，皇族でないとなれませんでした。しかし，藤原四子は，藤原不比等の娘である光明子を，聖武天皇の皇后に立てるわけです。

　光明子を皇后に立てた藤原四子は，政権を独占しますが，そのわずか数年後に，伝染病にかかって4人とも死んでしまいます。

▶ 橘諸兄の時代

藤原四子の死後，再びアンチ藤原氏の人たちが立ち上がります。彼らは皇族出身の⑥橘諸兄を立てて，藤原氏の力を弱めようとしました。橘諸兄は唐から帰国した吉備真備や⑦玄昉を登用して，唐のすぐれた技術や文化を取り入れて政治をおこなおうとしたのです。

さて，力が弱くなった藤原氏ですが，当然黙ってはいません。行動に出ます。藤原宇合の子で藤原式家の藤原広嗣が，吉備真備・玄昉を政界から排除することを訴えて，九州で反乱をおこします（740年）。しかし，この反乱は鎮圧されました。

▶ 聖武天皇による政治改革

藤原広嗣の乱の後，不安を覚えた聖武天皇は平城京を離れます。そして，5年のうちに，恭仁京（山背国・京都府）・難波宮（摂津国・大阪府）・紫香楽宮（近江国・滋賀県）と，次々に都を転々とします。

そして，仏教の力で国を平和にしようと考えます。これを鎮護国家思想（▷p.69）といい，国分寺建立の詔や大仏造立の詔（盧舎那仏）などを出します。

▲東大寺盧舎那仏

また，財政難を解決し，荒廃した田地を復活させるために，墾田永年私財法（743年）を出します。土地の永久所有を認める法律です。墾田永年私財法をきっかけに，初期荘園という私有地がうまれてきます。ただし，このころは位階によって開墾してよい面積に制限があったので，荘園が爆発的に増えることはありませんでした。

▶ 中国・朝鮮半島との関係

奈良時代，中国は唐，朝鮮は新羅，そして中国東北部は渤海という国でした。日本と新羅の関係はあまりよくありませんでしたが，中国には遣唐使を派遣していましたし，渤海にも頻繁に使いを送っていました。

遣唐使の航路は，最初は朝鮮半島沿岸を通る**北路**（⇒地図中の①）がとられていましたが，新羅との関係が悪化したため，危険な**南路**（⇒地図中の③）などをとるようになりました。

▲8世紀中ごろの日本と東アジア

❱ 奈良時代の蝦夷と南九州

最後に，**奈良時代**の**蝦夷**について見ておきます。奈良時代になると，日本海側の**出羽柵**や現在の宮城県にあたる**多賀城**など，律令国家は東北にも拠点を築いていきます。そして，東北地方を制圧するための機関として，多賀城に**鎮守府**を設置（724年）します。

また，南九州にも律令国家の支配はおよんでいきます。南九州にはもともと，**隼人**とよばれる人たちがいました。隼人の住んでいた地域を服属させ，**大隅国**をつくります。

006-B　奈良後半の政治

藤原仲麻呂の時代

　奈良時代後半も，藤原氏とアンチ藤原勢力が交互に政権に立ちます。**藤原仲麻呂→道鏡→藤原百川**の順です。

> **POINT**
>
> [奈良時代後半の権力者の変遷]
>
> 藤原仲麻呂　→　道鏡　→　藤原百川

　最初は，⑧**藤原仲麻呂**です。聖武天皇には息子がいませんでした。そこで，聖武天皇の後は，聖武天皇の娘である**孝謙天皇**が即位します。その際，孝謙天皇の母親である**光明皇太后**（光明子のこと）が，自分の親戚である藤原仲麻呂をサポート役として登用するわけです。

　藤原仲麻呂は，アンチ藤原氏であった**橘諸兄**の息子である**橘奈良麻呂**を倒します。これを**橘奈良麻呂の変**（757年）といいます。

　橘奈良麻呂を倒した仲麻呂は，**養老律令**を施行（757年）します。養老律令とは，仲麻呂の祖父である藤原不比等が制定した法律です。そして，孝謙天皇をやめさせて，自分の思い通りになる**淳仁天皇**を立てるのです。

　やめさせられた孝謙天皇は，藤原仲麻呂に反発を抱くようになり，⑨**道鏡**という人物を登用します。**道鏡を政権から退けようとした藤原仲麻呂は反乱をおこします**。このときには，仲麻呂は淳仁天皇から恵美押勝という名前を賜っていたので，これを**恵美押勝の乱**（764年）といいます。恵美押勝は，この乱に敗れて死んでしまいます。

道鏡の時代

　道鏡はお坊さんです。孝謙太上天皇（天皇をやめた人のことを太上天皇といいます）の病気を治したということで，孝謙太上天皇に気に入られます。恵美押勝の乱の後，孝謙太上天皇は再び天皇になります。**称徳天皇**です。称徳天皇のもとで，道鏡は**太政大臣禅師・法王**と出世していきます。また，お坊さん

ですから，寺院にとって都合のよい法令を出します。それが，**寺院以外は開墾をしてはならないという法令**です。そのうえ，道鏡は豊後（大分県）の**宇佐八幡の神託**と称して，皇位までもねらいましたが，**和気清麻呂**によって神託は偽りであることがばれてしまいました。

❯ 藤原百川の時代

道鏡は，称徳天皇（もと孝謙天皇）のおかげで偉くなった人物ですから，称徳天皇の死とともに，道鏡の権力はなくなってしまいます。道鏡は**下野**（栃木県）の**薬師寺**に左遷されました。

称徳天皇の死後，**藤原百川**が中心となって，⑩**光仁天皇**が即位します。道鏡がいなくなったので，道鏡が出した**寺院以外は開墾をしてはいけないという法律は廃止**されます。それと同時に，墾田永年私財法に定められていた**開墾面積の制限が撤廃**（772年）されます。その結果，無制限に開墾できるようになって，**初期荘園**がうまれてきます。

❯ 初期荘園

初期荘園とは，8〜9世紀の荘園のことです。言い換えると，**律令体制が崩壊する前の荘園**という意味です。律令体制の崩壊前の荘園ですから，一応は，律令体制を守った荘園になります。ですから，当然，**律令体制に基づいた税（＝租）が課せられた荘園**ということになります。

荘園領主は，当時開墾をするだけの経済的余裕のあった**大寺院や貴族が中心**で，彼らは国司の協力のもとに開墾をおこないます。そして，**賃租**といって，開墾した土地は農民たちに貸し出す形をとりました。

☞初期荘園と10世紀以降の荘園は，その特徴が大きく異なりますから，10世紀以降の荘園のところを習う際には，対比しておきましょう（▷p.107）。☞正誤判定問題では，初期荘園と10世紀の荘園を混同させるような選択肢が，非常によく出題されます。

さて，ここまで奈良時代の政治を説明してきました。☞共通テストでは，用語の暗記よりも，「語句の意味を記した文章を出して，意味があっているか間違っているか」を問う問題がメインとなります。

問題

　630年に最初の遣唐使を派遣し，その後，9世紀に至るまで，さまざまな人物が使節の一員として海を渡った。717年に入唐した人物は，帰国後，政界に進出して，ⓐ聖武天皇の時代のさまざまな施策に関与した。日本から唐に向かう海上ルートはいくつかあったが，東アジア情勢の影響もあって，ⓑ時期によって異なる航路が利用された。

問1　下線部ⓐに関して述べた次の文 a ～ d について，正しいものの組合せを，下の①～④のうちから一つ選べ。

　a　百万町歩開墾計画が立てられた。
　b　墾田永年私財法が制定された。
　c　国分寺建立の詔が出された。
　d　養老律令が施行された。

　①　a・c　　　②　a・d　　　③　b・c　　　④　b・d

問2　下線部ⓑに関して述べた文として**誤っているもの**を，次の①～④のうちから一つ選べ。
　①　7世紀には，朝鮮半島沿岸を通る北路がとられた。
　②　8世紀には，新羅との関係が改善されたので，南路をとった。
　③　南路をとった場合には，中国江南の明州などに到着した。
　④　北路と比べて南路には，航海上の危険性が大きかった。

解説

問1　聖武天皇のころのできごとを選ぶ問題です。聖武天皇は国分寺建立の詔や大仏造立の詔を出すことにより，仏教の力で国を守ろうとし，一方で墾田永年私財法を出して，土地の私有を認めました。ですから，③が正解となります。

解答　③

問2　遣唐使の航路は，最初は朝鮮半島づたいに行く北路がとられましたが，
新羅との関係悪化により危険な南路をとるようになりました。②の「新羅と
の関係が改善された」の部分が✕です。

解答　②

共通テスト演習問題9

問題

奈良時代の政変に関して述べた次の文Ⅰ～Ⅲについて，古いものから年
代順に正しく配列したものを，下の①～⑥のうちから一つ選べ。

Ⅰ　橘奈良麻呂らが藤原仲麻呂の打倒をめざしたが，事前に発覚して失
敗した。

Ⅱ　玄昉と吉備真備の排斥を唱えた藤原広嗣が大宰府で反乱を起こした
が，鎮圧された。

Ⅲ　左大臣の長屋王が謀反の疑いをかけられ，自殺に追い込まれた。

①　Ⅰ―Ⅱ―Ⅲ　　　②　Ⅰ―Ⅲ―Ⅱ　　　③　Ⅱ―Ⅰ―Ⅲ

④　Ⅱ―Ⅲ―Ⅰ　　　⑤　Ⅲ―Ⅰ―Ⅱ　　　⑥　Ⅲ―Ⅱ―Ⅰ

解説

奈良時代の前期には長屋王が登場しました。その後，聖武天皇のもとで玄昉
と吉備真備が活躍し，奈良時代後半には藤原仲麻呂が権力を握りました。です
から，正解は⑥となります。

解答　⑥

原始

古墳

飛鳥

奈良

平安

鎌倉

室町

安土桃山

江戸

明治

大正

昭和

平成

7 天平文化

007-A 天平文化の仏教と学問

寺院	仏像	工芸品・その他
① 東大寺	■法華堂(三月堂) ●不空羂索観音像(乾漆像) ●日光・月光菩薩像 ●執金剛神像 ■戒壇院四天王像	■建築：法華堂(三月堂) ②正倉院 ●聖武天皇の遺品を納める ●校倉造の宝庫 ●絵画：鳥毛立女屏風
法隆寺		建築：夢殿・伝法堂

- ■③ 行基：社会事業
- ■④ 鑑真：戒律を伝えた
- ●⑤ 唐招提寺を建立
  - →鑑真像
- ■南都六宗：鎮護国家実現のための研究
- ■大学：中央，貴族の子弟が学ぶ
- 国学：地方，郡司の子弟が学ぶ
- ■芸亭：石上宅嗣が設立した図書館

007-B 天平文化の編纂事業

書名	主な人物	内容
⑥『古事記』	太安万侶・稗田阿礼 →筆録　→暗誦	「帝紀」「旧辞」に検討を加えた
⑦『日本書紀』	舎人親王	正式な漢文編年体→六国史の最初
⑧『風土記』		各地の地理・産物・伝説を記す
⑨『懐風藻』	淡海三船・石上宅嗣*	最古の漢詩集(勅撰ではない)
⑩『万葉集』	山部赤人・大伴家持・ 山上憶良	万葉仮名使用(勅撰ではない)

*代表的な歌人

- これだけ！ワード（共通テストの用語選択で出る語句）──→ ①小田原
- これだけ！プチ（共通テスト重要語句）──→ 塵芥集
- これだけ！フレーズ（共通テスト正誤判断のカギとなるフレーズ）→ 北条氏
- ✋ひとこと！アドバイス（得点アップのワンポイント）──→ ✋分国法

🔍 天平文化の図や絵はこれだけ！

↑東大寺法華堂不空羂索観音像
（中央）

↑興福寺八部衆像
（阿修羅像）

↑正倉院宝庫

↑正倉院鳥毛立女屏風

↑正倉院螺鈿紫檀五絃琵琶

↑薬師寺吉祥天像

007-A 天平文化の仏教と学問

🔊 **東大寺が代表！**

　天平文化(てんぴょう)は，東大寺(とうだいじ)中心の文化です。ですから，東大寺に重要なものが多くあります。ただ，東大寺のすべての建造物・彫刻・絵画などの名称を暗記する必要はありません。

❯ 東大寺

　①東大寺でもっとも出題されるのは②正倉院(しょうそういん)です。正倉院については，後で説明しますね。ほかのものについては，🖐天平文化であること，東大寺の遺物であることが識別できればオッケーです。

▲東大寺大仏殿

POINT

[東大寺の遺物]（天平文化）
① 不空羂索観音像(ふくうけんじゃくかんのんぞう)
② 法華堂（三月堂）(ほっけどう)
③ 鳥毛立女屏風(ちょうもうりゅうじょびょうぶ)

❯ 法隆寺

　法隆寺は飛鳥文化(あすか)の代表的寺院でした（▷p.41）。ですから，天平文化のものは例外ということになります。その🖐例外として，代表的なものが夢殿(ゆめどの)です。寺院については，夢殿だけで大丈夫です。

❯ 仏像

　仏像の製作法についてもおさえておきましょう。乾漆像(かんしつぞう)と塑像(そぞう)です。こういった製作法が天平文化にあるとだけおさえておけば大丈夫ですが，念のため，内容についてまとめておきます。

> **POINT**
>
> [仏像の製作法]
> ① 乾漆像：粘土や木で形をつくり，その上に麻布を貼って
>   漆で塗り固めたもの
> ② 塑像：木を芯にして，その上を粘土で固めたもの

❷ 天平文化の仏教

次は，仏教についてです。今回は，政治史以外で登場する僧侶にスポットをあてます。まず，③**行基**ですが，彼は池をつくったり井戸を掘ったりといった社会事業をおこないます。行基は後に，大僧正となって大仏造立事業にも参加します。

続いては④**鑑真**です。彼は**唐**から来日した僧侶です。鑑真は日本に戒律を伝えに来ました。そして，奈良に⑤**唐招提寺**を建立します。☞唐招提寺の「唐」と「招」くの字から鑑真を連想するとよいでしょう。唐招提寺には，鑑真をかたどった像があります（**唐招提寺鑑真像**）。

▲鑑真

奈良時代の仏教は，**南都六宗**とよばれるものです。南都六宗は，現在のような宗教的なものというよりも，むしろ**鎮護国家**（仏教の力で国を平和にすること）を実現するための研究機関といった意味合いが強いです。

❷ 天平文化の学問

政府は，2つの教育機関を設立しました。**大学**と**国学**です。大学は中央にあり，ここでは主に**貴族の子弟**が学びます。それに対して，**国学は地方にあり**，ここでは主に**郡司の子弟**が学びます。「国」は，当時は地域を表す用語でしたから，国学とは「地域の学問所」という意味で，地域におかれたとおさえておくとよいでしょう。

そして，私設の図書館がつくられました。それが**芸亭**です。『**懐風藻**』の代表的な歌人である**石上宅嗣**がつくりました。これについては，「奈良時代の図書館」と識別できれば大丈夫です。

天平文化の編纂事業

天平文化の歴史書・地理書

　天平文化の時代には，さまざまな編纂事業がおこなわれました。☞歴史書2つ，地理書1つ，文学作品2つです。こう聞いて，作品名と内容が連想できるようにしておきましょう。

　まずは，歴史書から。歴史書は『古事記』と『日本書紀』です。⑥『古事記』は，稗田阿礼が暗誦した内容を，太安万侶が筆録したものです。⑦『日本書紀』は中国の史書にならった正式な漢文編年体で記されたもので，「正史」という扱いを受けます。また，『日本書紀』には飛鳥時代までのことが記されています。

　次は，地理書です。⑧『風土記』は各地の地理・産物などが記されたもので，国ごとに編纂されました。出雲国(島根県)などの『風土記』が現存しています。

天平文化の文学

　最後に文学です。⑨『懐風藻』と⑩『万葉集』で，『懐風藻』は最古の漢詩集，『万葉集』は最古の和歌集です。いずれも最古のものですが，『懐風藻』も『万葉集』も勅撰ではありません。☞「勅撰でない」という点が正誤判定問題でよく問われるので，注意しましょう。

　『懐風藻』の代表的な歌人である石上宅嗣は先ほども出てきましたが，芸亭をつくった人物でもあります。

　また，『万葉集』は，万葉仮名とよばれる特殊な仮名で記されているのが特徴です。また，貴族の歌以外に，東歌や防人の歌といった身分の低い人物の歌が多数収録されているのも大きな特徴です。あとは，山上憶良の「貧窮問答歌」をおさえておけば大丈夫です。これは，当時の貧しい人の実情を歌ったものです。

写真でおさえておく天平文化

　天平文化の文化財で，知っておきたいものを67ページに写真で載せておきました。このうち，東大寺法華堂不空羂索観音像と興福寺八部衆像，薬師寺吉祥天像，正倉院鳥毛立女屏風については，それが天平文化の文化財であるとの識別ができれば，大丈夫です。

正倉院宝庫については，それが東大寺にあり，螺鈿紫檀五絃琵琶などの聖武天皇の遺品が納められているということ，校倉造という特殊な建築であるということあたりがわかっていれば，大丈夫です。

また，唐招提寺鑑真像については，これが鑑真をかたどったものであるということを知っておいてください。もちろん☜写真でおさえておくものについては，写真だけを見て識別ができなければいけません。練習しておきましょう。

▲校倉造

◐ 文化史学習のポイント

☜文化史は共通テストでも，頻出することが予想されます。そして，点数の差がつく分野でもあります。みなさんの中でも文化史を苦手にしている人は多いと思いますが，文化史を苦手なままにしていると，致命傷になるおそれがあります。是非とも克服してください。

さて，共通テストの文化史も，政治史と同様のことがいえます。それは，☜「用語の暗記をさほど要求していない」ということです。用語の暗記よりも，むしろ，☜「どの文化に属するか」「その文化財はどのような意味を持つものか」といった点に重点をおいた学習を心がけていけば，9割は楽々ゲットできます。頑張っていきましょう。

共通テストでは，☜「語句の意味を記した文章を出して，意味があっているか間違っているか」を問う問題がメインとなります。▤ 共通テスト演習問題⑩ で，どのような問題が出題されるか見ていきましょう。

問題

a
b

問1 a は，奈良時代に来日した僧のものである。この僧に関する次の文章の空欄 ア ～ ウ に入る語句の組合せとして正しいものを，下の①～④のうちから一つ選べ。

　この僧の名前は ア といい，彼が伝えた イ によって，日本の仏教はより整備されたものになった。そのことは，彼が，東大寺に日本で最初の戒壇を設けたことに現れている。また，この僧は ウ という寺を開いた。

① ア 鑑真　　イ 戒律　　ウ 唐招提寺
② ア 鑑真　　イ 儒教　　ウ 薬師寺
③ ア 行基　　イ 戒律　　ウ 薬師寺
④ ア 行基　　イ 儒教　　ウ 唐招提寺

問2 b の建物や，そこに納められている宝物に関して述べた文として**誤っているもの**を，次の①～④のうちから一つ選べ。

① この建物は，校倉造という建築様式で造られている。
② この建物には，天武天皇の遺愛の品々が多く納められている。
③ この建物は，天平文化を代表する建築物の一つである。
④ この建物に納められた宝物の中には，西アジアの文化の影響を受けたものがある。

（解説）

問1 難しいと感じたかもしれませんが，空欄 ア と空欄 ウ がわかれば解けます。まず，空欄 ア には，鑑真か行基が入ることになります。講義でもいったように，この肖像を見て，「中国から来たあの人だ」と連想できれば，鑑真であることがわかると思います。そして，鑑真は唐から招かれた僧侶であることから，空欄 ウ には「唐を招く」との文字の入っている唐招提寺が入ると連想できます。それだけで，解答は①に限定できます。

解答 ①

問2 bの建物が正倉院宝庫であると判定できれば理想的ですが，仮にそれがわからなくても，天平文化のものであると識別できれば解くことができます。②の選択肢にある天武天皇は飛鳥時代の天皇で，天平文化の時代の天皇ではないので，誤りと判断できます。ちなみに，正倉院は聖武天皇の遺品が納められた歴史遺産です。

解答 ②

8 平安初期の政治と文化

平安宮
右京　左京

008-A 平安初期の政治

天皇	政治	令外官	蝦夷制圧
桓武天皇 （かんむ）	■① 長岡京（ながおかきょう）遷都 ■② 平安京遷都 └→794年 和気清麻呂（わけのきよまろ）の建議 ■ 健児（こんでい）の制 ●軍団・兵士ほぼ廃止 ●郡司（ぐんじ）の子弟（してい）を採用	■③ 勘解由使（かげゆし） ●国司（こくし）の交替を監督 ●解由状（げゆじょう）の審査 ■ 征夷大将軍（せいいたいしょうぐん） 坂上田村麻呂（さかのうえのたむらまろ）	■④ 坂上田村麻呂 ■802年： ⑤ 胆沢城（いさわじょう） ●鎮守府（ちんじゅふ）を移す └→多賀城にあった ●北上川（きたかみがわ）流域 ■803年：志波城（しわじょう） ●胆沢城の北方
平城天皇 （へいぜい）	藤原薬子（くすこ）の登用		
嵯峨天皇 （さが）	■810年：薬子の変 ⇒ ●平城太上天皇（へいぜいだいじょう）の復位 　平城京へ復都計画 ●藤原式家（しきけ）が没落 　→藤原北家（ほっけ）が台頭 ■ 弘仁格式（こうにんきゃくしき）が編纂（へんさん）	⑥ 蔵人頭（くろうどのとう） ●天皇の秘書官 ●藤原冬嗣（ふゆつぐ）が就任 ■⑦ 検非違使（けびいし） ●京内の警備・裁判	文室綿麻呂（ふんやのわたまろ） 　→制圧の完了

これだけ！ワード（共通テストの用語選択で出る語句）————▶ ① 小田原

これだけ！プチ（共通テスト重要語句）————▶ 塵芥集

これだけ！フレーズ（共通テスト正誤判断のカギとなるフレーズ）▶ 北条氏

🖑ひとこと！アドバイス（得点アップのワンポイント）————▶ 🖑分国法

008-B 法令の整備と直営田の発展

法令の整備	直営田の発達
■⑧**格**：律令条文の**補足・修正** ⑨**式**：律・令・格の施行細則 ■**三代格式** ●**弘仁格式**：嵯峨天皇のとき ●**貞観格式**：清和天皇のとき ●**延喜格式**：醍醐天皇のとき ■⑩『**令義解**』：養老令の官撰注 釈書 『令集解』：養老令の私撰注釈書	■**公営田**：**大宰府**管内におかれた田 ●大宰府の財源確保が目的 ■**勅旨田**：皇室財政確保のための田 ●延喜の荘園整理令で廃止 ■**官田**：**畿内**におかれた田 ●中央財政の確保が目的

008-C 弘仁・貞観文化

宗教関連	漢文学など
■平安時代の新しい仏教 （入唐した2人の僧侶がはじめた） ●**天台宗**：⑪**最澄**が開いた 　　　　　延暦寺（比叡山） ●**真言宗**：⑫**空海**が開いた 　　　　　金剛峰寺（高野山） 　　　　　教王護国寺（京都）	■**大学別曹** ●**弘文院**（和気氏） ●**勧学院**（藤原氏） ●**学館院**（橘氏） ●**奨学院**（在原氏） ■庶民教育機関 ●**綜芸種智院**（空海）
■**山岳寺院**（**室生寺**など） ■**修験道**（密教と山岳信仰の融合） ■**神仏習合**（神道と仏教の融合）	■漢詩集 ●**勅撰漢詩集** ⑭『**凌雲集**』（嵯峨天皇の勅撰） 『**文華秀麗集**』（嵯峨天皇の勅撰） 『**経国集**』（淳和天皇の勅撰） ●『**性霊集**』（空海の漢詩集）
■彫刻：**一木造・翻波式** ●観心寺如意輪観音像 ■⑬**曼荼羅**（**密教**世界を描いた） ●神護寺両界曼荼羅 ●教王護国寺両界曼荼羅	■⑮**三筆**：空海・**橘逸勢・嵯峨天皇** 　　　　　（唐風書道の名手）

平安初期の政治

📢 **平安時代は初期と後期に分けて整理！**

　さて，いよいよ平安時代です。平安時代を苦手にしている受験生が多いです。苦手意識を持っている人の多くは，平安時代を1つの時代だととらえて，ゴチャゴチャになってしまっています。しかし，平安時代は400年近く続きました。例えば，今から400年前といえば，徳川家康が豊臣家を滅ぼしたころです。そのころと現在が同じ時代だと思いますか？　ヘアスタイルからして，全然ちがいますよね。ですから平安時代も，その最初と最後では全然ちがう時代だといってもいいのです。

　ここでも，時期別に特徴をつかんでいくという学習をおこなってください。そうすれば，この単元の用語を1つも覚えていなくても，共通テストの問題のほとんどが解けます。

❯ 平安初期の政治の頻出パターン

　平安初期は，**桓武天皇**が**長岡京**（京都府）に都を移した784年から，およそ50年間をさします。ですから，☞平安初期は「平安時代の最初の50年」ととらえましょう。この平安初期の主な天皇は2人，**桓武天皇**と**嵯峨天皇**です。この桓武天皇と嵯峨天皇は親子です。ですから，☞平安初期は「桓武天皇と，その子の時代」だとおさえておくとよいでしょう。

　平安初期ですが，よく出題されるパターンは2つです。まず1つは，☞このできごとは平安初期か否かといった識別問題です。次によく出るのが，☞このできごとは，桓武天皇のときか？　嵯峨天皇のときか？という識別問題です。つまり，☞桓武天皇の政治の特色と嵯峨天皇の政治の特色が識別できるかどうかということを問う問題が出題されるのです。この，桓武か嵯峨かの識別問題が，受験生には解きにくいようですが，それぞれの天皇の特徴をとらえると容易にマスターできます。

❯ 桓武天皇の政治① ── 平安京遷都

　まずは，**桓武天皇**です。桓武天皇の政治の二本柱は，**遷都**と**蝦夷制圧**です。桓武天皇は律令体制の再建をめざした天皇です。律令体制とは，天皇中心の政治体制です。第6講「奈良時代の政治」をふり返ってみてください。奈良時代は決して天皇中心ではありませんよね。貴族や寺社勢力が，天皇の権威をおびやかしかねない状況だったわけです。そのため，桓武天皇は，貴族や寺社勢力の影響の少ない京都に都を移すわけです。それが，**長岡京**と**平安京**です。

　まず，桓武天皇は①**長岡京**に遷都（**784年**）をします。しかし，この遷都に反対する人たちがものすごい妨害をおこないました。そこで，桓武天皇は，長岡京遷都をあきらめて，同じ京都の②**平安京**に遷都をします。**794年**のことです。

　「長岡京と平安京が，平安初期の都である」とおさえておけば，この時期に関するほとんどの問題が解けます。ただし，☞794年は時代の切れ目になる年号なので，覚えておきましょう。例えば，☞史料問題などで「799年」とか出てきたら，「この史料は，平安京に都を移した直後に書かれた史料だな〜」とわかり，史料問題を解く手がかりになります。

POINT

[桓武天皇による遷都]

① 平安初期の都：長岡京・平安京（いずれも京都府）

② 平安京遷都：794年

❯ 桓武天皇の政治② ── 蝦夷の制圧

　次は，蝦夷の制圧です。桓武天皇の政治は律令体制の再建，つまり**中央集権体制の強化**でした。中央集権体制とは，国民が天皇のいうことを聞く政治体制という意味です。つまり，中央集権体制を強化するためには，天皇のいうことを聞かない人々を放っておくわけにはいかないのです。そのため，蝦夷の制圧がおこなわれるわけです。

　桓武天皇は，蝦夷制圧を成功させるため，蝦夷制圧を専門におこなう役職をつくります。それが**征夷大将軍**です。征夷大将軍には，④**坂上田村麻呂**が任命（**797年**）されました。

奈良時代には，蝦夷の制圧が，宮城県あたりまで進んでいました。その成果として，宮城県には**陸奥国府**（今でいう県庁のようなもの）と，**多賀城**がおかれ，多賀城には**鎮守府**がおかれたわけです。

　平安初期になると，蝦夷の制圧はいよいよ岩手県にまで進んでいきます。多賀城から北上川を北上した場所に，⑤**胆沢城**を築いて，蝦夷制圧の拠点にします。

　そのため，**多賀城**にあった**鎮守府を胆沢城に移す**わけです。そして，翌年には，胆沢城の北方に**志波城**を築いて，蝦夷制圧の前線基地にします。

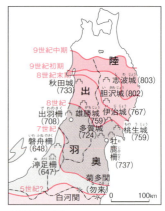

▲蝦夷制圧図

[蝦夷の制圧]
① 奈良時代：多賀城に鎮守府をおく
② 平安初期：胆沢城に鎮守府を移す

POINT

❷ 桓武天皇の政治③ ── 地方政治の再建

　何度もいいますが，桓武天皇の政治は中央集権体制の強化です。当時，地方の人々は中央（＝朝廷）のいうことを聞かなかったのです。そこで，③**勘解由使**をおきます。勘解由使とは**国司の交替を監督**する役職です。国司は，都から離れた場所にいるせいか，不正をおこなうことが多かったのです。不正を野放しにしていては，地方の人々が中央のいうことをますます聞かなくなってしまいます。そこで，勘解由使がおかれたわけです。**勘解由使は解由状という国司交替の際の引き継ぎの文書を審査**しました。

　次におこなったのは，**健児の制**です。当時の兵士は，農民が食料や武器を自前で持ってきて参加していたので，ものすごく弱かったわけです。弱い兵士では，地方の人々は中央のいうことを聞きません。そこで，比較的裕福な**郡司**の子弟に，国司の役所である**国衙**を警備させました。

　最後に，桓武天皇は税制改革をおこないます。律令体制は，人々が納める税

によって成り立っていたわけですが，このころになると，人々が税を納めなく

なっていたのです。そこで，桓武天皇は，税を納めやすくするために，税負担

を軽くしました。雑徭を半分にしたり，公出挙の利息を5割から3割に引き下

げます。さらに，今まで6年に一度おこなわれていた班田を，12年に1回とし

ます。

　これが，税制改革とどう関係あるかって？　☞律令体制の基本は，「朝廷が

土地（口分田）を与えるから，その代わりに税を納めなさい」というものです。し

かし，口分田を与える作業を6年に1回おこなうのは結構大変なため，多くの

地域で実施されていなかったのです。つまり，口分田がもらえない地域が多

かったのです。口分田がもらえなければ，税を納める義務もありません。その

ため，中央に税が入ってこなくなっていたのです。そこで，桓武天皇は，「班

田を6年に1回やるのは大変だから，12年に1回でいいよ。その代わり，きっ

ちりやってね」と，班田を確実におこなわせようとしたわけです。

> **[桓武天皇による地方政治の再建]**
> ① 勘解由使・健児の制
> ② 雑徭の半減・公出挙の利息を3割にする
> ③ 班田を12年に1回にする

POINT

❯ 平城天皇の政治 ── 藤原氏が再び台頭

　桓武天皇の後は，桓武天皇の子の平城天皇・嵯峨天皇が即位しました。平城

天皇のときに力を持つのが，藤原式家の藤原薬子です。再び藤原氏が力を持つ

わけです。しかし，平城天皇は病気を理由に，3年で天皇をやめてしまいます。

☞平城天皇の政治について，共通テストで出題される可能性は低いといっても

いいでしょう。

> **[桓武天皇後の政治]**
> ① 平城天皇：藤原薬子の台頭（藤原式家）
> ② 嵯峨天皇：藤原冬嗣の台頭（藤原北家）

POINT

原始 ― 古墳 ― 飛鳥 ― 奈良 ― 平安 ― 鎌倉 ― 室町 ― 安土桃山 ― 江戸 ― 明治 ― 大正 ― 昭和 ― 平成

❯ 嵯峨天皇の政治 ── 中央政治の強化

　平城天皇が天皇をやめた後，**嵯峨天皇**が即位します。実はこの後，平城太上天皇(天皇をやめたので太上天皇となる)の病気が治ります。このとき，**藤原薬子は平城太上天皇を再び天皇にしようと計画**します。それが**薬子の変**(810年)です。薬子の変は失敗に終わり，藤原薬子は自殺しました。**藤原式家**はこれをきっかけとして没落してしまいます。

　このような中，嵯峨天皇は⑥**蔵人頭**という役職をおきます。これは天皇の秘書官です。蔵人頭には，**藤原北家**の**藤原冬嗣**が就任します。藤原冬嗣は，嵯峨天皇の腹心でした。このように，天皇自身の腹心を天皇の秘書官につけることによって，天皇の権限を強化しようとするわけです。

　また，嵯峨天皇は，⑦**検非違使**をおきます。これは，京内の警備や裁判をつかさどる役職で，これにより中央の体制の強化をはかったわけです。このように，嵯峨天皇は中央政治の強化をおし進めたのです。

　共通テストでは，📖**共通テスト演習問題11**にあるように，👆嵯峨天皇の中央政治の強化や，天皇が三筆(▷p.83)の1人として唐風書道の名手であったことなどがねらわれやすいです。

[平安初期の政治]

① 桓武天皇 (地方政治の再建)

　　勘解由使・征夷大将軍の設置

② 嵯峨天皇 (中央政治の強化)

　　蔵人頭・検非違使の設置

POINT

008-B 法令の整備と直営田の発展

❯ 法令の整備

　律令制度を立て直すため，平安時代にはさまざまな法律が整備されます。まず，律令ですが，大宝律令（▷p.36）も養老律令（▷p.58）も100年も前の法律です。当然，そのままでは通用しないので，変更が必要になります。そこでつくられるのが，格と式です。

　⑧格は，律令条文の補足や修正です。⑨式は，法律を施行する際の細かい取り決めをさします。格や式は，必要に応じてその都度出されました。そこで，今までに出された格や式をまとめる作業が必要となります。

　まとめた結果は，弘仁（9世紀前期），貞観（9世紀後期），延喜（10世紀前期）のときに出されました。これをそれぞれ弘仁格式・貞観格式・延喜格式といいます。この3つの格式は，まとめて三代格式とよばれます。また，養老令の官撰の注釈書として，⑩『令義解』もつくられました。

　これら三代格式は，格や式が出された順番に記されていきます。年代順に並んでいると，必要なときに必要な格や式をぱっと取り出すことができず，不便です。そこで，格について，分野別に分類し編集し直した書物がつくられます。これを『類聚三代格』といいます。

❯ 直営田の発達

　平安初期になると，律令体制の崩壊がさらに進んで，税金がますます入ってこなくなりました。そこで，さまざまな田が経営されるようになりました。まず，勅旨田ですが，これは皇室の財政を確保するための直営田です。今までのように，税収だけではやっていけなくなってきたわけです。

　ほかにも，官人の給与をまかなうために畿内におかれた官田や，大宰府の運営費用をまかなうための公営田なども経営されました。

弘仁・貞観文化

▶ 新しい仏教の誕生

　平安時代初期の文化を，**弘仁・貞観文化**といいます。☞天平文化（▷p.66）の
ものか，弘仁・貞観文化のものか，または，平安時代中期の文化である国風文
化（▷p.94）のものかという識別問題がよく出されます。

　平安時代の仏教には，**天台宗**と**真言宗**があります。天台宗は⑪**最澄**が開き，
真言宗は⑫**空海**が開きました。桓武天皇はこれらの新しい仏教を保護するこ
とによって，従来の仏教勢力の力を弱めようとしました。天台宗も真言宗も加
持祈禱によって災いを避け，幸福を追求する現世利益の面が強い宗教でした。
真言宗は空海のころから密教でしたし，**天台宗は最澄の死後，円仁・円珍**に
よって**密教化**されました。

▶ 神道と仏教の融合

　密教寺院は，天台宗の**延暦寺（比叡山・滋賀県）**，真言宗の**金剛峰寺（高野
山・和歌山県）**，**室生寺（奈良県）**など，山地を開いて建てられたものが多いで
す。**山岳寺院**の増加にともなって，昔からの山岳信仰と密教が融合した**修験
道**が盛んになりました。

　また，**神道と仏教が融合した神仏習合**も盛んになります。84ページに**薬師
寺僧形八幡神像**があります。これは，僧侶の形をしていますが，八幡神という
神様です。神道と仏教が融合しています。☞平安初期の仏教のキーワードは神
仏習合，つまり「融合」です。

　彫刻では，密教とかかわりのある**如意輪観音像**などがつくられるようになり
ます。84ページの**観心寺如意輪観音像**がその代表です。当時の仏像には，**一
木造**の技法が用いられていました。

　最後に仏教絵画ですが，これも密教の影響を受けます。**密教世界を描いた**
⑬**曼荼羅**というものが描かれました。

> **POINT**
>
> [弘仁・貞観文化の仏教]
>
> ① 密教が取り入れられる（曼荼羅が描かれる）
>
> ② 山岳信仰が取り入れられる（修験道）
>
> ③ 神道が取り入れられる（神仏習合）

🔽 学問の発達と漢文学の隆盛

　平安初期は学問が発達する時期です。貴族は一門の子弟の教育のために寄宿舎を設けます。これを**大学別曹**といい，なかでも藤原氏の**勧学院**は重要です。それから，**空海**は庶民に教育の門戸を開くため，**綜芸種智院**を創設しました。

　当時は，貴族の教養として漢詩文をつくることが重視されました。そのため，⑭『**凌雲集**』・『**文華秀麗集**』・『**経国集**』などの**勅撰漢詩集**が編纂されました。これらの漢詩集については，☞奈良時代の『**懐風藻**』（▷p.70）と識別できるようにしておいてください。あと，**空海の漢詩集として**『**性霊集**』があります。これは，**勅撰漢詩集ではない**という点に注意してください。漢詩集については，☞「平安初期かどうか」「勅撰かどうか」の識別ができるようにしておいてください。

　最後は，書道です。漢詩が貴族の教養となったため，漢字を上手に書くことも教養の1つとなっていきます。唐風書道の名手として，**空海・橘逸勢・嵯峨天皇**の⑮**三筆**をおさえておきましょう。☞平安時代中期の国風文化で出てくる三跡（▷p.98）と混同しないように注意しましょう。

> **POINT**
>
> [漢詩集]
>
> ① 天平文化：『懐風藻』（勅撰ではない）
>
> ② 弘仁・貞観文化 ┤ 勅撰漢詩集：『凌雲集』
>
> 　　　　　　　　　　　　　　　　『文華秀麗集』
>
> 　　　　　　　　　　　　　　　　『経国集』
>
> 　　　　　　　　　『性霊集』（勅撰ではない）

弘仁・貞観文化の図や絵はこれだけ！

❶観心寺如意輪観音像（大阪府）　❶薬師寺僧形八幡神像（奈良県）　❶室生寺五重塔（奈良県）

共通テスト演習問題 11

問題

　嵯峨天皇は強い権力を握って国政を指導し，桓武天皇以来の方針を継承して，@律令国家再建のための諸政策を積極的に実施していった。

　この時代には，最澄や空海の弟子が唐に派遣され，こうした学問僧たちの努力によって，ⓑ新しい仏教の基礎が築かれた。

問1 下線部@に関して述べた文として正しいものを，次の①～④のうちから一つ選べ。

① 畿内に直営の公営田を設置して，租税を確保しようとした。

② 8世紀以来出されていた格と式を，延喜格式として編纂した。

③ 銭貨の流通を促すために，蓄銭叙位令を施行した。

④ 京内の治安維持を目的として，検非違使を設置した。

問2　下線部⑤に関連して，9世紀における新仏教の動きに関して述べた
　　次の文a～dについて，正しいものの組合せを，下の①～④のうちか
　　ら一つ選べ。

　a　高野山に金剛峰寺が開かれた。
　b　上皇や貴族がしばしば熊野へ参詣した。
　c　源信によって『往生要集』が著された。
　d　天台宗に密教が本格的に取り入れられた。

　①　a・c　　　②　a・d　　　③　b・c　　　④　b・d

解説

問1　①の公営田は大宰府，官田が畿内なので✕。②の嵯峨天皇の格式は弘仁格
式なので✕。③の蓄銭叙位令は奈良時代の法令なので✕。よって，正解は④
となります。検非違使は嵯峨天皇が設置した令外官で，京内の治安維持を
目的としました。

解答　④

問2　選択肢を見ると，aとbのどちらか一方だけが正しく，cとdのどちら
か一方だけが正しいという形になります。ですから，aとb，cとdをそ
れぞれ比較していきましょう。
　a・b　高野山や金剛峰寺が登場するのは，弘仁・貞観文化です。また，
上皇が参詣をしたというのは，院政のころの話です。ですから，aのほう
が正しいということになります。
　c・d　天台宗に密教が取り入れられたのは，弘仁・貞観文化のころです。
源信は，この後に学習する国風文化の浄土教のところで登場する人物なの
で，dが正しく，正解は②となります。

解答　②

9 摂関政治の確立

009-A 藤原氏の他氏排斥

天皇	藤原北家	官職	政変	政治
嵯峨（さが）	冬嗣（ふゆつぐ）	蔵人頭（くろうどのとう）	810年：薬子の変（くすこ） ↳藤原式家の没落	弘仁格式（こうにんきゃくしき）がつくられる
仁明（にんみょう） 文徳（もんとく）	①藤原 良房（よしふさ）		■842年：承和の変（じょうわ） ■橘 逸勢（たちばなのはやなり）・ 伴健岑（とものこわみね）の左遷（させん）	
②清和 天皇（せいわ）		摂政（せっしょう）	■866年：応天門の変（おうてんもん） ●③伴善男（よしお）の左遷	貞観格式（じょうがんきゃくしき）がつくられる
光孝（こうこう）	④藤原 基経（もとつね）	関白（かんぱく）		
宇多 天皇（うだ）		摂政・ 関白の 非設置		■⑤菅原道真（すがわらのみちざね）登用 ■894年：遣唐使廃止（けんとうし） ↳菅原道真の建議
⑥醍醐 天皇（だいご）	時平（ときひら）		■菅原道真が大宰府（だざいふ）に 左遷される ■唐（とう）が滅亡する ■渤海（ぼっかい）・新羅（しらぎ）が滅亡	■延喜の治（えんぎ ち）（天皇親政） ■延喜格式（えんぎ きゃくしき）がつくられ る
村上 天皇（むらかみ）			中国で宋（そう）が建国	天暦の治（てんりゃく ち）（天皇親政）
冷泉（れいぜい）		摂政・ 関白の 常置	■969年：安和の変（あんな） ●⑦源 高明（みなもとのたかあきら）の左遷	

009-B 摂関政治

官職	人物
⑧ **摂政**：天皇の幼少時	⑩ **藤原道長**：3代の天皇の外祖父となった
⑨ **関白**：天皇の成人後	⑪ **藤原頼通**：50年にわたり摂政・関白を独占

009-C 武士の成立・発展と武士団の構成

年代	源氏	平氏	戦乱	経過
10世紀前半		貞盛	939年：**平将門の乱**	**平貞盛**・藤原秀郷が鎮圧
	経基		939年：**藤原純友の乱**	**源経基**・小野好古が鎮圧
11世紀前半			1019年：⑫ **刀伊の入寇** **女真人**の襲撃	**藤原隆家**が鎮圧
	頼信	忠常	1028年：**平忠常の乱** ↳源氏の東国進出の契機	源頼信が鎮圧
11世紀後半	頼義		1051年：**前九年合戦**	清原武則・**源頼義・義家** が安倍頼時をたおした
	義家		1083年：**後三年合戦** ↳清原氏の内紛	**藤原清衡**が勝利し， ⑬ **奥州藤原氏**を創始

武士団の構成	⑭ **棟梁**	中央の貴族の血筋を引いた者で，武士団を統率した ●**平氏**：桓武天皇の血筋 ●**源氏**：清和天皇の血筋
	惣領	武士団の首長。荘官・在庁官人などを兼務していた
	⑮ **家子**	同族の武士たち
	郎党	下級武士 **下人・所従**　支配下の農民

これだけ！ワード（共通テストの用語選択で出る語句）————→ ① **小田原**

これだけ！プチ（共通テスト重要語句）————————→ **塵芥集**

これだけ！フレーズ（共通テスト正誤判断のカギとなるフレーズ）→ 北条氏

🖐 **ひとこと！アドバイス**（得点アップのワンポイント）——→ 🖐 分国法

藤原氏の他氏排斥

　　第9講は,9世紀〜11世紀という長い時代です。しかも,政権担当者の変化が奈良時代と同じくらいややこしいですが,うまく整理しましょう。共通テストでも,9〜10世紀の事件がねらわれることが予想されます。

▶ 9世紀前期 —— 藤原北家の台頭

　　第8講「平安初期の政治」で説明したように,**9世紀前期**は,藤原冬嗣が蔵人頭になった時期(▷p.80)でした。藤原氏の中でも藤原北家が台頭していく時代です。この後,**9世紀中期**は,藤原良房が摂政になる時代,**9世紀後期**は,藤原基経が関白になる時代です。

POINT

[藤原北家の台頭]
① 9世紀前期:藤原冬嗣が蔵人頭となる
② 9世紀中期:藤原良房が摂政となる
③ 9世紀後期:藤原基経が関白となる

▶ 9世紀中期 —— 摂政となる

　　9世紀中期は,藤原冬嗣の子である①**藤原良房**の時代です。藤原良房は,自分と同じくらい力のあるライバルの**橘逸勢・伴健岑**を追放します。この政変を**承和の変**といいます。

　　橘逸勢と伴健岑を追放した藤原良房は,自分の娘と天皇の間にうまれた子供,つまり孫を天皇にすることに成功します。②**清和天皇**です。清和天皇は,まだ幼い子供でした。そこで,おじいちゃんの藤原良房が政治を代行するという形をとります。つまり,**藤原良房は清和天皇の**⑧**摂政**となるわけです。

　　藤原良房のライバル追放は,まだまだ続きます。藤原良房は,③**伴善男**を

追放します。この事件を**応天門の変**といいます。伴善男は，古くからの有力豪族である大伴氏の中心人物です。つまり，応天門の変で藤原良房は，古くからの有力豪族を追放し，摂政の地位を確固たるものとしたわけです。

> **POINT**
>
> [藤原良房]
> ① 承和の変：橘逸勢・伴健岑の追放
> ② 応天門の変：伴善男の追放
> 　　　→ 摂政の地位を確立

❯ 9世紀後期 ── 関白となる

9世紀後期は④**藤原基経**の時代です。藤原基経は，**光孝天皇**のもとで⑨**関白**となります。関白とは天皇の成人後も政治を代行する官職で，このときにはじめてつくられました。光孝天皇は高齢のためまもなく亡くなり，宇多天皇が即位します。

宇多天皇は，藤原基経を関白としていましたが，基経の死後，摂政・関白をおかない政治をおこないます。摂政・関白をおかない政治のことを，**天皇親政**といいます。藤原氏の政治における影響力を弱めようとするわけです。宇多天皇は学者である⑤**菅原道真**を登用して，天皇親政を進めます。藤原氏は，菅原道真を遣唐使に任命することによって，菅原道真を政治の世界から追い出そうとしました。しかし，**菅原道真は遣唐使を廃止**（894年）することによって，この難局を乗り切ります。

❯ 10世紀前期・中期 ── 摂政・関白をおかない政治

宇多天皇の次は，子の⑥**醍醐天皇**が即位しました。このときの藤原氏が，藤原基経の子の**藤原時平**です。時平は，菅原道真を政治の世界から追い出すことに成功し，**菅原道真は大宰府**（福岡県）に**左遷**されました。

それでは，この後，藤原氏が摂政・関白となる政治になるかというと，そうはなりませんでした。醍醐天皇は父である宇多天皇の意向を継いで，摂政・関白をおかない政治をおこないます。また，**荘園整理令**（▷p.108）も出しました。この政治を**延喜の治**といいます。醍醐天皇の子である**村上天皇**も，摂政・関白をおかない政治をおこないました。これを**天暦の治**といいます。

延喜・天暦の治は，摂政・関白をおかない政治ということで，後に政治の理想とされましたが，実際はそんなにうまくはいっていませんでした。醍醐天皇のときに提出された「意見封事十二箇条」には，**地方政治の混乱ぶり**が書かれ，もはや律令体制に戻ることはできないということがうかがえます。

POINT

　［天皇親政］
　①10世紀前期
　　醍醐天皇：延喜の治
　②10世紀中期
　　村上天皇：天暦の治

❯ 10世紀の国際情勢

　このように，10世紀前期・中期は天皇親政が続きますが，結果として，律令体制は崩壊してしまいます。実は，律令体制の本家本元である**唐**も10世紀初頭に滅亡してしまいます。**渤海**や**新羅**も，同じく10世紀前半に滅亡してしまいます。このように，日本・中国，そして周辺諸国は，10世紀になったのを境に，新しい時代へと転換していくのです。

POINT

　［10世紀の国際情勢］
　①唐：滅亡→宋が建国
　②新羅：滅亡→高麗が建国
　③渤海：滅亡→契丹(遼)が建国

❯ 10世紀後期 ── 摂政・関白の常置

　10世紀後期になると，完全に律令体制が崩壊します。そのようなときに**安和の変**がおこり，醍醐天皇の子で左大臣の⑦**源高明**が左遷させられます。この結果，藤原氏にとってライバルがいなくなり，**安和の変以降は藤原氏が常に摂政・関白となる時代**となっていきます。

009-B 摂関政治

❯ 11世紀前期 —— 藤原道長の時代

11世紀前期は⑩**藤原道長**の時代です。藤原道長は，自分の娘を次々と天皇や皇太子のもとに嫁がせます。道長は，自分の娘がうんだ子供を天皇の位につけて，道長自身は，**母方のおじいちゃん**(これを**外祖父**といいます)になって，権力を握ります。母方の親戚は外戚とよばれました。

❯ 11世紀中期 —— 藤原頼通の時代

11世紀中期は⑪**藤原頼通**の時代です。藤原頼通は，藤原道長の子です。彼は，50年もの長きにわたって摂政・関白の地位を独占し，摂関政治は最盛期を迎えていきます。

[摂関政治の特色]
① 天皇の幼少時には摂政，成人後には関白として政治を補佐する
② 陣定に基づき，太政官の行政組織を通じて政治をおこなう
③ 律令官人としての収入は，寄進地系荘園(▷p.107)を経済基盤とする

▶ 武士の成立

律令体制の崩壊によって，㊹自分の持っている所領を自らの力で守らなければいけなくなります。その結果，武士が成立しました。

律令体制の崩壊がはじまると，**10世紀初期**に武士による最初の大規模な反乱がおこります。下総(茨城県)を本拠地とした**平将門の乱**と，伊予(愛媛県)を本拠地とした**藤原純友の乱**です。反乱は，**平貞盛・源経基**といった㊺武士の手によって鎮圧されました。武士が，すでに必要不可欠な存在になっていたのです。

11世紀前半になると，中国東北部に住む**女真人**が九州の**大宰府**を襲撃します。女真人の一部は，海賊行為をおこなっていました。これを⑫**刀伊の入寇**といいます。この襲撃は**藤原隆家**によって鎮圧されます。

▶ 武士の発展

同じ**11世紀前半**には，関東で反乱をおこした**平忠常**を**源頼信**が鎮圧します。この**平忠常の乱**を機に，**源氏**は東国進出をします。

11世紀後半は，源氏の東国での地位が確立する時期です。**前九年合戦・後三年合戦**という2つの戦いで活躍した，**源頼義・義家**親子の力で，東国における源氏の地位は高まっていきます。また，後三年合戦では，**藤原清衡**の⑬**奥州藤原氏**が，東北での権力を握っていきます。

POINT

[武士の発展]

①10世紀前半：平将門の乱・藤原純友の乱

②11世紀前半：平忠常の乱→源氏の東国進出(源頼信)

③11世紀後半 ┌ 前九年合戦→源頼義・義家が安倍氏を平定

┗ 後三年合戦→奥州藤原氏が東北で権力を握る

◗ 武士団の内部

武士は**血族的な団結**を基盤にしていました。本家の**惣領**が武士団の代表となって⑭**棟梁**とよばれ，⑮**家子**や**郎党**を指揮していました。さらにその下に，**下人**や**所従**などの下層の農民がおり，田畑の耕作をしていました。

棟梁は，もとは中央貴族が地方に住み着いた者や，その子孫がほとんどです。**平氏**や**源氏**はその代表で，平氏は**桓武天皇**，源氏は**清和天皇**の血筋です。

📋 共通テスト演習問題 **12**

問題

次の文Ⅰ～Ⅲについて，古いものから年代順に正しく配列したものを，下の①～④のうちから一つ選べ。

Ⅰ　光孝天皇の即位に際して，藤原基経がはじめて関白に任じられた。

Ⅱ　藤原時平らの策謀によって，右大臣の菅原道真が大宰権帥に左遷された。

Ⅲ　幼少の清和天皇が即位したのち，藤原良房が臣下としてはじめて摂政をつとめた。

① Ⅰ—Ⅱ—Ⅲ　　② Ⅰ—Ⅲ—Ⅱ

③ Ⅲ—Ⅰ—Ⅱ　　④ Ⅲ—Ⅱ—Ⅰ

解説

年代順に配列する問題で，一見，年号を暗記しておかなければいけない問題のように見えますが，この問題，実は時期把握だけで解ける問題です。Ⅰの藤原基経は9世紀後期，Ⅱの菅原道真は9世紀末から10世紀初頭にかけての人物，Ⅲの藤原良房は9世紀半ばの人物ということで，Ⅲ→Ⅰ→Ⅱの順となります。

解答　③

10 国風文化と貴族の生活

010-A 国風文化

	弘仁・貞観文化	国風文化
仏教	密教	浄土教（末法思想が背景となってうまれた） ●①空也（市聖とよばれた） ●②源信（③『往生要集』を著した） ●往生伝（往生した人の伝記）
建築	山岳寺院	阿弥陀堂 { 法成寺阿弥陀堂（藤原道長） ④平等院鳳凰堂（藤原頼通）
仏像	一木造・翻波式	⑤寄木造（定朝による仏像の大量生産方法） 平等院鳳凰堂阿弥陀如来像
仏画	曼荼羅	来迎図（阿弥陀仏が迎えに来る様子を描く） 高野山聖衆来迎図・平等院鳳凰堂扉絵
神道	神仏習合	本地垂迹説（神は仏の権現であるという考え）
書道	三筆（唐様）	三跡（和様）：小野道風・藤原佐理・藤原行成
文字	漢字（真名）	かな文字（公式の場では漢字が使用された）
勅撰集	勅撰漢詩集	勅撰和歌集 ●『古今和歌集』（醍醐天皇の命・紀貫之ら編纂）
絵画	唐絵	●⑥大和絵（巨勢金岡が代表的画家） ●蒔絵（屋内の調度品に使用された）

これだけ！ワード（共通テストの用語選択で出る語句）――――→ ①小田原

これだけ！プチ（共通テスト重要語句）――――――――→ 塵芥集

これだけ！フレーズ（共通テスト正誤判断のカギとなるフレーズ）→ 北条氏

🖐ひとこと！アドバイス（得点アップのワンポイント）――――→ 🖐分国法

国風文化の文学					
物語	●『竹取物語』(伝奇物語) ●『伊勢物語』(在原業平を題材) ●『源氏物語』(紫式部の作) ●『宇津保物語』 ●『落窪物語』		日記	●『土佐日記』(紀貫之) ●『蜻蛉日記』(藤原道綱の母) ●『更級日記』(菅原孝標の女) ●『和泉式部日記』	
随筆	⑦『枕草子』(清少納言の随筆)		詩歌	『和漢朗詠集』(藤原公任の撰)	

🔍 国風文化の図や絵はこれだけ！

⊕平等院鳳凰堂

⊕平等院鳳凰堂阿弥陀如来像

⊕高野山聖衆来迎図

平安末期の文化

仏教	浄土教が全国に普及 聖(民間布教者)が布教	⑧ **中尊寺金色堂**(岩手県) 奥州藤原氏の藤原清衡が建立 **白水阿弥陀堂**(福島県) **富貴寺大堂**(大分県)
文学	装飾経	「**扇面古写経**」(四天王寺・大阪市) 「**平家納経**」(厳島神社・広島県)
	説話集	『**今昔物語集**』
	軍記物語	『**将門記**』・『**陸奥話記**』 →最初の軍記物 →前九年合戦が題材
	歴史物語	『**栄花(華)物語**』・『**大鏡**』 →摂関政治を賛美 →摂関政治を批判
歌謡	⑨ **今様**(民間の流行歌謡)	⑩ 『**梁塵秘抄**』(後白河上皇の編)
絵画	**絵巻物**(大和絵で描かれた)	「**源氏物語絵巻**」・「**伴大納言絵巻**」・ 「**信貴山縁起絵巻**」 「**鳥獣戯画**」(伝鳥羽僧正の筆)

🔍 平安末期の文化の図や絵はこれだけ！

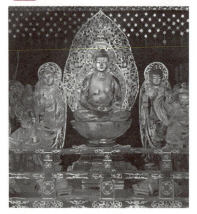

❶中尊寺金色堂(内陣中央壇)

❶扇面古写経(四天王寺)

010-A　国風文化

> 📣 **識別がカギ！**
> 　今日は，国風文化と平安末期の文化です。この時代の文化については，弘仁・貞観文化，国風文化，平安末期の文化のうちいずれの文化に属するものかを識別させる問題が主流となります。ここでも，「平安時代のどの時期に該当するか？」を識別できるようにしていきましょう。

🔘 国風文化の仏教

　国風文化の時代になると，**浄土教**が流行します。弘仁・貞観文化は**密教**でしたね。密教に対して浄土教は，**極楽浄土に行くことを目的とした仏教**です。当時は不安の多い時代でしたし，**末法思想**の影響などもあり，死んだ後の来世での幸福を追求するわけです。

　10世紀前半，浄土教を早い段階で広めた人物が①**空也**です。空也は，民間に布教をおこなったので，**市聖**とよばれました。**10世紀後半**に出てきたのは②**源信**です。源信は③**『往生要集』**を著します。極楽に行くためのポイントが書かれたような本です。また，**往生伝**といって往生した人の伝記も書かれるようになります。

🔘 国風文化の建築・彫刻

　人々の望みは極楽に行くことですが，そのためには，**阿弥陀仏**の力を頼らなければなりません。そこで，阿弥陀仏をまつる**阿弥陀堂**がつくられます。**藤原道長**のつくった**法成寺阿弥陀堂**（京都市・現存せず）と，**藤原頼通**のつくった④**平等院鳳凰堂**（宇治市）が有名です。

　次に彫刻です。阿弥陀仏への信仰が盛んになるにつれて，仏像の大量生産が必要になってきます。そこで，**定朝**がはじめたのが，⑤**寄木造**です。これは，仏像をパーツごとにつくって後で組み立てるという方法です。**平等院鳳凰堂阿弥陀如来像**が代表作です。

また，仏画では，阿弥陀仏が迎えに来る様子を描いた来迎図が描かれるようになります。高野山聖衆来迎図や，平等院鳳凰堂扉絵が代表作です。

☞それぞれ写真を示してありますから（▷p.95），国風文化の時代のものであると識別できるようにしておいてください。

最後に神道ですが，神は仏が形を変えて現れたものであるという考えがうまれてきます。この考えを本地垂迹説といいます。

❯ 国風文化の書道・絵画

国風文化の時代になると，☞遣唐使の廃止により，中国の影響が薄くなります。書道でも，弘仁・貞観文化では，唐風書道の三筆（▷p.83）が出てきましたが，国風文化では，和様の書道の名手である小野道風・藤原佐理・藤原行成の三跡が出てきます。

文字は，かな文字が使われるようになり，紀貫之の『土佐日記』のような，かな文字の日記も書かれるようになります。しかし，公式の文書では依然として漢字が用いられていました。

☞勅撰の文学作品も，弘仁・貞観文化では漢詩集でしたが，国風文化では和歌集となります。『古今和歌集』です。醍醐天皇の命で，紀貫之らが編纂しました。

また，仏画以外の絵画でも，⑥大和絵が描かれるようになります。文化のさまざまな分野で国風化が進んでいったわけです。

❯ 国風文化の文学

国風文化の文学作品については，内容も大切ですが，むしろ，☞「国風文化に属している作品だ」と識別しておくことが大切です。95ページにある作品が，いずれも国風文化のものであると識別できるようにしておいてください。とくに，清少納言の随筆⑦『枕草子』は頻出します。

❯ 平安時代の服装と生活

平安時代の貴族の正装は束帯とよばれるものです。それよりも少し略式のものを衣冠といいます。女性の正装は女房装束です。平服については，男子は直衣や狩衣で，女子は小袿でした。庶民は水干や直垂を着ていました。

成人儀式については，男子は**元服**，女子は**裳着**といいます。☞右の表で確認しておいてください。

貴族の生活は陰陽道によって左右されました。そして，一定の期間外出を避ける**物忌**や，凶の方角を避ける**方違**などがおこなわれました。また，**怨霊や疫病**をのがれるために，**御霊会**なども開かれました。

	男子	女子
正装	**束帯**	**女房装束** （十二単）
	衣冠	
平服	直衣・狩衣	小袿・袴
	水干・直垂	
成人	元服	裳着

▲平安時代の貴族の服装

POINT

[貴族の生活]
①**陰陽道**：陰陽五行説に基づく思想

　物忌（一定の期間外出を避ける）

　方違（凶の方角を避ける）
②**御霊会**：怨霊や疫病の災厄をのがれようとする信仰

寝殿造

平安時代の貴族の住居は**寝殿造**です。右の図を見ながら，確認しましょう。

中央にあるのは**寝殿**です。その左右に対屋があります。対になっているから**対屋**といいます。

池のそばには，釣りをするための**釣殿**があります。そし

▲寝殿造の住居

て，それらが渡り廊下でつながれているわけです。渡り廊下なので，**渡殿**といいます。

原始 — 古墳 — 飛鳥 — 奈良 — 平安 — 鎌倉 — 室町 — 安土桃山 — 江戸 — 明治 — 大正 — 昭和 — 平成

平安末期の文化

❯ 平安末期の仏教美術

平安末期の文化の特徴は，**文化の地方波及**です。この時代，文化が地方に広がりました。東北では，奥州藤原氏が建立した**岩手県の⑧中尊寺金色堂**と福島県の**白水阿弥陀堂**，九州では，大分県の**富貴寺大堂**が有名です。また，装飾経というお経もつくられました。大阪府の**四天王寺**にある**「扇面古写経」**や，広島県の**厳島神社**にある**「平家納経」**が有名です。👆中尊寺金色堂と扇面古写経は，96ページの写真を見て，平安末期のものであると選べるようにしておきましょう。

❯ 平安末期の文学

👆文学作品も，平安末期のものであると識別できるようにしてください。

軍記物については，平将門の乱(▷p.92)を扱った**『将門記』**が最古の軍記物です。ほかには，**前九年合戦**を題材とした**『陸奥話記』**があります。

歴史物語では，摂関政治を記したものが出てきます。**『栄花(華)物語』**は藤原道長の**摂関政治を賛美**したもので，**『大鏡』**は摂関政治を批判したものです。👆栄花(華)という言葉から，賛美を連想できればいいと思います。

最後に，民間の流行歌謡である**⑨今様**を集めて，**後白河上皇**が編纂した**⑩『梁塵秘抄』**もこの時代です。また，**田楽や猿楽**といった芸能も盛んになります。これらは室町時代に能(▷p.166)に発展していきます。

院政期には，**絵巻物**が多く描かれます。**絵巻物**とは，大和絵と詞書とよばれる文書で物語を表現したものです。院政期には，『源氏物語』を題材とした「**源氏物語絵巻**」や，9世紀後半におこった応天門の変(▷p.89)を題材にした「**伴大納言絵巻**」などがあります。

📋 共通テスト演習問題 **13**

問題

「遊びをせんとや生まれけん　戯れせんとや生まれけん」。これは，平安末期に流行した今様を集めた『　ア　』の一節である。

平安時代には，　イ　をもとにうまれた祇園社の祭（現在の祇園祭）をはじめとして，年中行事が盛んになった。

問1 空欄　ア　イ　に入る語句の組合せとして正しいものを，次の①〜④のうちから一つ選べ。

① ア　梁塵秘抄　　イ　本地垂迹説
② ア　梁塵秘抄　　イ　御霊信仰
③ ア　閑吟集　　イ　本地垂迹説
④ ア　閑吟集　　イ　御霊信仰

問2 遊びや芸能に関して述べたⅠ〜Ⅲについて，古いものから年代順に正しく配列したものを，下の①〜④のうちから一つ選べ。

Ⅰ　『枕草子』に，遊戯としておもしろいのは，小弓・碁・蹴鞠であると記された。

Ⅱ　天石屋戸の神話を記述した『古事記』が編纂された。

Ⅲ　「鳥獣戯画」に，兎や蛙などが田楽に興じる場面が描かれた。

① Ⅰ—Ⅱ—Ⅲ　　② Ⅰ—Ⅲ—Ⅱ
③ Ⅱ—Ⅰ—Ⅲ　　④ Ⅱ—Ⅲ—Ⅰ

解説

問1 空欄　ア　は，問題文に「平安末期」とあるので，平安末期のものを選んでください。『閑吟集』は室町時代の作品（▶p.167）なので，自動的に空欄　ア　は，『梁塵秘抄』となります。空欄　イ　は，「祇園社の祭」とあります。祇園社は御霊会が盛んにおこなわれたところなので，空欄　イ　は，「御霊

信仰」が正解です。**イ**が時期把握だけでは絞り込むことができないので，この問題は若干難問でした。

解答　②

問2　Ⅰは『枕草子』とあるので，国風文化の時代。Ⅱの『古事記』は奈良時代。Ⅲの「鳥獣戯画」は平安末期。よって，Ⅱ→Ⅰ→Ⅲの順になります。時期把握だけで解ける問題です。

解答　③

平安時代

鎌倉時代

室町時代

11 院政と平氏政権

011-A 荘園制度

- **成功**：私財を出して官職を得る
- **重任**：国司などに再任

- **遙任**：地方に赴任しない国司
  ① **目代** という代理人を派遣
- ② **受領**：任国に赴任した国司
  藤原元命「尾張国郡司百姓等解」で訴えられた受領
- ③ **在庁官人**：国衙の事務

- ④ **名**：課税単位。荘園・公領に設定
  田堵（のちの**名主**）が耕作

- **不輸の権**：租税の免除
- **不入の権**：検田使の立入を認めない
- **官省符荘**：太政官符・民部省符で租税の免除を受けた荘園
- **国免荘**：国司が税の免除を認めた

- **本家**（中央の上級貴族）
  ↑　**寄進**して得分を納める
- **領家**（有力貴族・寺社）
  ↑　**寄進**して得分を納める
- **荘官**（**預所**・**下司**・**公文**など）

011-B 院政

天皇・院	政治	その他
⑤ **後三条天皇**	■1069年：**延久の荘園整理令** ●基準にあわない荘園を停止 （摂関家の荘園も整理された） ●**記録荘園券契所**が整理	■摂関家を外戚とせず ■**大江匡房**らを登用 ■**宣旨枡**（枡の統一）
⑥ **白河上皇**（法皇）	■1086年：**院政**の開始 ●**堀河天皇**に譲位した ●**院庁**を開いた	■**北面の武士**を設置 ■**六勝寺**の建立を開始 ■平正盛が台頭した
鳥羽法皇 死後　→	1156年：保元の乱 **後白河天皇**○VS×崇徳上皇	平忠盛が台頭した
後白河		平清盛が台頭した

朝廷
（天皇・摂政・関白）

院
（法皇・上皇）

院庁
院司（職員のこと）

院宣

院近臣が中心

詔勅・宣旨・官符

院庁下文

諸国へ

⑦**知行国**（院が知行国主を任命した国）

▲院政のしくみ

011-C 平氏の台頭

院	平氏	戦乱	政治
白河	**正盛**	1108年：源 義親の反乱 ←	平正盛が平定
鳥羽	**忠盛**	瀬戸内海の海賊を平定 →	**日宋貿易**の開始 ↳平氏の経済基盤
鳥羽 死後 →		■1156年：⑧**保元の乱** **後白河天皇**○×**崇徳上皇** 平清盛 VS 平忠正 源義朝　　源為義	■崇徳上皇が讃岐に配流 ↳香川県 ■後白河天皇が院政を開始
後白河	**清盛**	■1159年：**平治の乱** 院近臣間の対立 藤原通憲○×藤原信頼 **平清盛** VS **源義朝** ■**鹿ヶ谷の陰謀**	■平氏政権がはじまる ■平清盛が⑨**太政大臣** ■日宋貿易：**大輪田泊**を ↳兵庫県 修築 ■後白河法皇が幽閉される
		■1180年：平氏打倒の令旨 → ●**以仁王**発令→源氏挙兵 ■**源義仲**の入京 → ■1185年：**壇の浦の戦い** ↳山口県下関市	■1180年：⑩**福原京**に ↳兵庫県神戸市 遷都 ■平氏の都落ち ■1185年：平氏が滅亡

これだけ！ワード（共通テストの用語選択で出る語句）→ ①**小田原**

これだけ！プチ（共通テスト重要語句）→ **塵芥集**

これだけ！フレーズ（共通テスト正誤判断のカギとなるフレーズ）→ 北条氏

✍**ひとこと！アドバイス**（得点アップのワンポイント）→ ✍**分国法**

荘園制度

> 📢「荘園制度」は共通テストでねらわれやすい！
>
> 　荘園については，共通テストで出題されると予想されます。しかも，多くの受験生が苦手にしているため，得点差がつきやすいところでもあります。今から「どのようにおさえていけば，得点できるか」を講義しますから，みなさんは荘園制度を得意分野にしていきましょう。

◎ 10世紀以降の国司

　律令体制が崩壊したのが**10世紀前半**でしたが，そのころから**国司**の役割というのも大きく変わっていきます。律令体制のころの国司は，律令体制を遂行するための地方役人でした。しかし，律令体制が崩壊すると，中央が国司に期待するものは「税を集めてくること」だけになってしまいます。その結果，国司には一定額の税の納入を請け負わせ，その代わりに一国内の統治をまかせてしまうというふうに方針転換するのです。つまり，🖐国司の役割が非常に大きくなったというわけです。

　国司の役割が大きくなると，「お金を積んででも国司になりたい」というような人が続出します。このように私財を出して官職を得ることを，**成功**といいます。また，国司になった人の中には，再び国司になりたいという人も多く出てきます。そういった人は**重任**といって，私財を出して国司に再任されるというような方法をとります。

◎ 遙任と受領

　国司の中には，自分の代理である①**目代**という人物を，国の役所である**国衙**に派遣する者が出てきます。この行為を**遙任**といいます。一方で，国司に任命された国に，自ら行ってしっかり税を搾り取ろうという，どん欲な国司も出てきます。こういった国司を②**受領**といいます。中には，あまりにも強欲に税を取り立てたため，**郡司**や百姓から訴えられて，受領をやめさせられてし

まった尾張国(愛知県)の藤原元命のような者もいました。

ところで,国衙の実務は誰がおこなっていたのでしょう? これは,③**在庁官人**とよばれる地方の役人がおこなっていました。在庁官人は,もともと郡司だった人など,地方の有力者が主でした。

❯ 課税について

荘園・公領を問わず,当時の土地は基本的に税を課せられます。こういった課税単位となる土地のことを,④**名(名田)**といいます。この名(名田)の耕作を請け負ったのが,**田堵**とよばれる人です。田堵はのちに力を強めて,**名主**とよばれる地元の有力農民に成長します。

ただ,平安時代も中期になってくると,税の免除を受ける荘園も出てきます。租税の免除を受ける権利を,**不輸**の権といいます。太政官や民部省が不輸の権を認めた荘園を**官省符荘**,国司が不輸の権を認めた荘園を**国免荘**といいます。また,国司が派遣する使い(検田使)の立ち入りを禁止する権利もありました。これを**不入**の権といいます。

❯ 荘園の寄進

荘園は,基本的に課税対象となりますが,税をのがれたいと思う人たちは,権力者に対して自らの土地の**寄進**するようになります(**寄進地系荘園**)。寄進によって,全国の土地が荘園と公領の2つに分かれる**荘園公領制**というものがうまれてきます。

自らの土地を寄進する人の多くは,**開発領主**とよばれる地域の農民です。開発領主は,有力貴族や寺社に自らの土地を寄進します。開発領主が寄進をした相手のことを**領家**といいます。そして,寄進が完了すると,開発領主はその荘園の**荘官**となります。当時,荘官は**預所**や**下司**や**公文**などとよばれました。

領家に寄進された荘園が,さらに上級の貴族や皇族などに寄進される場合もあります。その場合,上級の領主は**本家**とよばれました。

院政

▶ 摂関家を外戚としない後三条天皇

今回扱うのは，11世紀の内容です。**11世紀中期が後三条天皇の時代**，11世紀後期が白河上皇(法皇)の時代となります。

それでは，まず**11世紀中期**から。11世紀の前半は，**藤原道長・頼通**父子の全盛時代でした。全盛時代のさなかに⑤**後三条天皇**が即位します。後三条天皇は，**摂関家を母方の親戚(外戚)としない天皇**でした。後三条天皇は，藤原氏の影響の少ない政治をやろうと思いました。そこで，**大江匡房**など，**藤原氏以外の人物を政治に登用**します。

▶ 延久の荘園整理令

後三条天皇の政策として，もっとも重要なのが，**延久の荘園整理令**です。荘園整理令とは，**基準にあわない荘園を停止**する，つまり，法律違反の荘園を没収することです。ここで，摂関家を外戚としていない後三条天皇は，**摂関家の荘園も停止**してしまうのです。

摂関家の荘園を停止する際に効力を発したのが，後三条天皇が新たに設けた**記録荘園券契所**という機関です。それまでは，**国司が荘園整理**をおこなっていたため，国司を任命する立場にある摂関家の荘園には手を出しにくかったのです。しかし，記録荘園券契所は後三条天皇が設置した機関なので，摂関家には何の遠慮もいらないわけです。そこで，摂関家の荘園の整理がどんどん進んでいきます。また，**枡の大きさを統一した宣旨枡**というものをつくったのも後三条天皇です。

POINT

[荘園整理令]

① **延喜の荘園整理令**
　醍醐天皇：勅旨田を廃止した

② **延久の荘園整理令**
　後三条天皇：記録荘園券契所による整理

❯ 院政の開始 —— 白河上皇

　後三条天皇の子は**白河天皇**です。白河天皇は，わずか8歳の息子**堀河天皇**に天皇の位を譲ります。白河天皇は，**院庁**という政治の機関をつくり，**上皇**という立場で，天皇をサポートしながら政治をおこなうという**院政**の道を開きます。1086年，つまり**11世紀後期**のできごとです。

　⑥**白河上皇**(法皇)は，荘園整理を喜ぶ国司たちを，**院近臣**として取り込みます。さらには，源氏や平氏の武士たちを**北面の武士**に組織して，院の警護をおこなわせます。院の権力は強化され，院庁から出される**院庁下文**や，上皇の命令を伝える**院宣**が，しだいに国の政治を動かしていくようになっていきます。

　また，院は，上級貴族に一国の支配権を与えるという⑦**知行国**の制度を確立していきます。

　そして，院は**仏教に傾倒**していきます。白河天皇は**法勝寺**というお寺を建立しますし，上皇になった後は出家をして**法皇**になったりもします。また院は，**高野山や熊野への参詣**を積極的におこないました。院が仏教に傾倒すればするほど，仏教勢力は力を持っていきます。力を持った有力寺院は，下級僧侶を**僧兵**に組織し，朝廷に**強訴**して自らの要求を通そうとしました。

POINT

[院政]
① **院庁**：政務を執行する役所
② **院宣**：院(上皇)の命令を下達する公文書
③ **院庁下文**：院庁から出される公文書

平氏の台頭

▶ 平安末期の権力者

いよいよ平安時代も終わりを迎えます。平氏が台頭する時代です。平氏については，**12世紀前期**が平正盛の時代，**12世紀中期**が平忠盛の時代，**12世紀後期**が平清盛の時代となります。そして，平正盛の時代が白河上皇(法皇)，平忠盛の時代が鳥羽法皇，平清盛の時代が後白河法皇となります。

POINT

[平安時代末期の権力者の変遷]
① 12世紀前期：平正盛の時代…白河法皇
② 12世紀中期：平忠盛の時代…鳥羽法皇
③ 12世紀後期：平清盛の時代…後白河法皇

▶ 平正盛・忠盛の時代

平氏が台頭するきっかけをつくった人物は，平清盛の祖父にあたる平正盛です。**平正盛**は，**源 義親の反乱を平定**した結果，院の中で権力を増していきます。

平正盛の子は，**平忠盛**です。平忠盛は，**瀬戸内海の海賊を平定**した結果，海の権利を手に入れます。海の権利とは貿易，つまり日宋貿易の権利のことです。**日宋貿易**の権利を手に入れた結果，平氏は財政的に非常に裕福になっていきます。

▶ 保元の乱と平治の乱

1156年，**鳥羽法皇**が亡くなります。鳥羽法皇は院として絶大な権力を持っていた人物です。「鳥羽が死んだ後は，私が院政をやりたい」と考えたのが，**後白河天皇**と**崇徳上皇**です。両者の間でおこなわれた戦いが，⑧**保元の乱**です。保元の乱は後白河天皇側の勝利となり，**崇徳上皇**は讃岐(香川県)に流されてしまいます。

保元の乱の結果，院政は，後白河天皇が上皇となっておこなうことに決まったわけですが，次に**院近臣**とよばれる上皇の側近どうしの権力争いがおこりま

す。これを**平治の乱**といいます。

　平治の乱の結果，**藤原通憲**(**信西**)・**源義朝**といった，当時，院で力を持っていた人物が次々と死んでしまい，主な院近臣は平清盛だけになってしまいました。こうして，**平清盛**は絶大な権力を持ち，平氏政権とよばれる時代に突入するわけです。

◆ 平氏政権

　平治の乱を通じて，平氏政権の時代がおとずれます。**平清盛**は貴族のトップである⑨**太政大臣**にまで登りつめます。また，**日宋貿易**の権利を持っていた平清盛は，現在の兵庫県神戸市にあった**大輪田泊**という港を修築するなどして，日宋貿易を活発にしていき，ますます財政を豊かにしていきます。

　当然，そのような平氏をうとましく思う人もたくさんいました。彼らは平氏打倒の計画を立てます。京都でおこった**鹿ヶ谷の陰謀**です。しかし，この計画は事前に発覚したため，首謀者たちは処罰されてしまいます。

　この処罰に対して，後白河法皇は不快感を示します。平氏と後白河法皇の対立が決定的なものとなったのです。このとき**平清盛は，後白河法皇を京都の鳥羽殿に幽閉してしまいます。**

◆ 平氏打倒の動き

　平氏が後白河法皇を幽閉したこの事件は，アンチ平氏の人たちを怒らせます。後白河法皇の子である**以仁王**は，1180年，平氏を打倒しろという命令（令旨）を出します。以仁王の命令にしたがったのは，**源氏**の兵士たちです。**源頼政・源義仲・源頼朝**らが，あいついで平氏打倒のために挙兵をします。

　この挙兵に驚いた平氏は，都を⑩**福原京**（現在の神戸市）に移しますが，貴族たちの猛反対を受けて，まもなく都をもとの場所に戻します。

　平氏打倒の挙兵から3年後の1183年，**源義仲**がとうとう京都に入ってきます。平氏は，幼少であった**安徳天皇**を連れて京都から逃げます。そして，1185年，**壇の浦の戦い**（山口県下関市）での敗北で，ついに平氏は滅亡してしまうわけです。

問題

寺院と国家の関係に関して述べた次の文Ⅰ～Ⅲについて，古いものから年代順に正しく配列したものを，下の①～⑥のうちから一つ選べ。

Ⅰ 開発領主の中に，国司の圧迫をのがれようとして有力寺院などに田地を寄進する者が現れるようになった。

Ⅱ 有力寺院が下級僧侶を僧兵に組織し，神木や神輿を押し立てて，自分たちの要求を通すため朝廷に強訴するようになった。

Ⅲ 有力寺院の初期荘園が，律令制的支配の衰えとともに衰退していった。

① Ⅰ─Ⅱ─Ⅲ　　② Ⅰ─Ⅲ─Ⅱ　　③ Ⅱ─Ⅰ─Ⅲ

④ Ⅱ─Ⅲ─Ⅰ　　⑤ Ⅲ─Ⅰ─Ⅱ　　⑥ Ⅲ─Ⅱ─Ⅰ

解説

それぞれの文の中心となる用語を見ていきましょう。Ⅰは「寄進」，Ⅱは「僧兵」，Ⅲは「初期荘園」です。初期荘園＝平安初期，寄進＝律令体制崩壊後，僧兵＝院政期ととらえていれば，Ⅲ→Ⅰ→Ⅱの順であることがわかります。

解答 ⑤

共通テスト演習問題 **15**

問題

　院政期の政治動向について述べた文として**誤っているもの**を，次の①〜④のうちから一つ選べ。

① 　上皇の命令を伝える院宣や院庁下文が強い権威を持った。

② 　摂関家の経済的基盤であった知行国制を廃止した。

③ 　荘園の寄進が院に集中し，摂関家をしのぐ勢いを示した。

④ 　中下級貴族や受領らが院の近臣を形成した。

解説

　②の知行国制は，院の重要な政治・財政基盤です。だから，院がこの制度を廃止するわけがありません。よって，②が誤りになります。

解答 ②

12 鎌倉幕府と執権政治

012-A **鎌倉幕府の成立**

鎌倉幕府の成立	
■1180年：**侍所**を設置した
■1183年：東国の支配を認められる
■1184年：公文所・**問注所**を設置した
■1185年：①**守護**・②**地頭**を設置した（大江広元の提案）
■1189年：奥州藤原氏の滅亡（→**奥州総奉行**がおかれた）
■1190年：源 頼朝が右近衛大将に任命される
■1192年：源頼朝が**征夷大将軍**に任命される（←後白河法皇の死後）

将軍	執権	政治	戦乱・政変
初代頼朝		■1185年：鎌倉幕府を開く ■1192年：征夷大将軍となる ■1199年：頼朝の死去	
2代頼家		有力御家人の合議制 →有力御家人の対立へ	■梶原景時が討たれる ■**比企氏（比企能員）の乱**
	時政	**北条時政**が政所別当（**執権**）	畠山重忠が討たれる
3代実朝	2代 ③**北条義時**	■北条義時，侍所別当を兼務 ■源氏の滅亡 ■北条義時追討の院宣 ●④**後鳥羽上皇**が出した ●**西面の武士**を設置 　└後鳥羽上皇が設置 ■⑤**六波羅探題**を設置 ●北条泰時・北条時房が就任 ■新補地頭の設置（**新補率法**）	■**和田義盛**が討たれる ■1219年：**源実朝暗殺** ■1221年：**承久の乱** 　↓ ■上皇側の敗北 ●後鳥羽上皇を**隠岐**に配流 ●順徳・土御門上皇も配流 ●上皇側の所領没収 　└3000か所

012-B　執権政治の展開

将軍	執権	政治
4代**藤原頼経** （よりつね）	3代 ⑥**北条泰時**	■**連署**（れんしょ）の設置（執権の補佐）→初代は**北条時房** ■⑦**評定衆**（ひょうじょうしゅう）の設置（合議制） ■摂家（藤原）将軍をおく→藤原頼経（せっけ） ■**御成敗式目**（ごせいばいしきもく）（**貞永式目**（じょうえいしきもく））の制定 ●頼朝以来の先例・武家社会の道理に基づく ●御家人のみに適用 ●朝廷の支配地域では公家法（くげほう）・本所法（ほんじょほう）を適用
5代**藤原頼嗣** （よりつぐ） 6代**宗尊親王** （むねたかしんのう）	5代 ⑧**北条時頼** （ときより）	■⑨**引付衆**（ひきつけしゅう）の設置：評定衆の補佐・所領の訴訟 ■皇族（親王）将軍をおく→宗尊親王 ■**宝治合戦**（ほうじかっせん）→**三浦泰村**（みうらやすむら）をたおす

012-C　鎌倉幕府の職制

中央	地方
●**侍所**：**御家人**の統制 　初代別当は和田義盛 ●**公文所**：一般政務をおこなう 　初代別当は大江広元，のちの**政所** ●**問注所**：訴訟・裁判の事務をおこなう 　初代執事は三善康信（みよしのやすのぶ）	●**京都守護**：京都の警備をおこなう 　承久の乱後，六波羅探題 ●**鎮西奉行**（ちんぜいぶぎょう）：九州の御家人を統制 　蒙古襲来（もうこしゅうらい）後，鎮西探題（ちんぜいたんだい）と改称 ●**奥州総奉行**：奥州の御家人を統制

●**守護**：国内の御家人を統率→権限は⑩**大犯三カ条**（たいぼん）に限定
●**地頭**：荘園・公領の管理

鎌倉幕府の 経済的基盤	●**関東御領**（ごりょう）：将軍家の所領である平家没官領（もっかんりょう）が主 ●**関東御分国**（ごぶんこく）：将軍の知行国（ちぎょうこく） ●**関東進止所領**（しんし）：将軍が地頭任命権

これだけ！ワード（共通テストの用語選択で出る語句）──→①**小田原**
これだけ！プチ（共通テスト重要語句）──→塵芥集
これだけ！フレーズ（共通テスト正誤判断のカギとなるフレーズ）→北条氏
☝**ひとこと！アドバイス**（得点アップのワンポイント）──→☝分国法

鎌倉幕府の成立

鎌倉幕府の成立に注目！

　今日は鎌倉時代の1回目です。まずは，114ページの上の表解板書「鎌倉幕府の成立」の部分を見てください。この表は，源頼朝が平氏打倒のための挙兵をした1180年から，源頼朝が征夷大将軍に任命された1192年までのことが記されています。

鎌倉幕府の成立

　平氏打倒の挙兵をした年に，**源頼朝**は**侍所**を設置します。侍所とは，**御家人を統率する機関**です。平氏打倒のために御家人を統率する必要があったわけです。その後，頼朝は，東国の支配権を認められます。

　支配権を認められたわけですから，支配をしなければいけません。そこで，支配のための機関である**公文所**と**問注所**を設置するわけです。公文所は，のちに**政所**とよばれることからもわかるように，**政務をおこなう機関**で，問注所は訴訟・裁判の事務をおこなう機関です。

　1185年に平氏が滅亡すると，頼朝は全国に守護・地頭を設置し，鎌倉幕府を成立させます。①**守護**は国内の御家人を統率し，⑩**大犯三カ条**という権限を持っていました。大犯三カ条とは，**大番催促と謀叛人・殺害人の逮捕**です。ここでいう大番催促とは，御家人の義務である**京都大番役**に国内の御家人を行かせることです。②**地頭**は，荘園などの管理をします。

　頼朝は関東で絶大な力を持ったわけですが，東北には**藤原清衡・基衡・秀衡**と続く**奥州藤原氏**がいました。そこで，頼朝は**奥州藤原氏を滅ぼして**，東日本全体の支配権を手中におさめるわけです。そして，後白河法皇の死をきっかけに**征夷大将軍**に就任するのです。

❯ 北条氏の台頭 —— 北条時政の時代

　頼朝は，鎌倉幕府を開いてまもなく亡くなってしまいます。**頼朝の死後は，御家人たちの間での勢力争いがはじまります。**御家人とは，将軍の家来のことです（ちなみに武士でも将軍の家来でない武士を**非御家人**といいます）。

　この家来の中で頭角を現すのが，北条氏の**北条時政**です。北条時政は，自分の娘である**北条政子**を頼朝に嫁がせているということで，もともと力を持っていましたが，ライバルの**比企能員**をたおして，大きく力をのばしていきます。

　北条時政は政務をおこなう機関である**政所**の**別当**，つまりトップになります。以後，**政所別当のことを執権**とよぶようになります。

❯ 北条義時の時代

　北条時政の次に執権になるのが，北条時政の子である③**北条義時**です。北条義時の時代は，とにかく，自らが権力を握るうえで邪魔になる人物を次々にたおしていく時期となります。

　最初に北条義時の標的になるのが，**和田義盛**です。和田義盛は当時，侍所のトップにあたる**侍所別当**でした。これは，御家人を統率する立場です。北条義時は和田義盛をたおして，侍所の別当にもなります。**政所の別当と侍所の別当を独占**して，北条氏は絶大な権力を握っていくわけです。

　和田義盛がたおされた後，まもなく，**2代将軍源頼家**の遺児である**公暁**によって，**3代将軍源実朝**が暗殺されます（1219年）。暗殺の真相については，現在でも謎の部分が多いですが，実朝が暗殺されたことによって，**源氏が滅亡**してしまったということは，まぎれもない事実です。

❯ 承久の乱

　源氏が滅んでしまったら，鎌倉幕府もこれで終わりということになりそうです。しかし，北条義時は，頼朝の遠縁で摂関家出身の幼い**藤原頼経**を将軍に迎え，鎌倉幕府を終わりにはしませんでした。

　これに怒ったのが，④**後鳥羽上皇**です。後鳥羽上皇は，幕府をやめない**北条義時をたおすようにという命令**を出します。さらに後鳥羽上皇は，**西面の武士**を設置して，幕府との戦いに備えました。ここに，**承久の乱**（1221年）がはじまるわけです。

❯ 承久の乱の結果

戦いは，幕府側の圧倒的な勝利に終わります。☞共通テストで大切なのは，戦いそのものよりも，戦いの結果の部分です。ここからよく聞いておいてください ね。

まず，承久の乱をおこした後鳥羽上皇をはじめとする順徳・土御門（つちみかど）の3人の上皇を地方に流してしまいます。後鳥羽上皇

▲承久の乱関係図

は隠岐（おき）（島根県）に流されます。☞隠岐の場所を地図で答えさせる問題は，過去にセンター試験で出題されました。☞共通テストでは地図問題がよく出ますので，ねらい目です。

次に，京都に⑤六波羅探題（ろくはらたんだい）を設置します。これは，朝廷と西国の監視のための機関です。承久の乱で勝利したからこそ，こういった機関を設置することができるわけです。

最後に，新補地頭（しんぽじとう）の設置です。承久の乱で勝利した幕府側は，朝廷側から3000か所もの莫大な荘園を手に入れます。将軍家の領土が当時500か所でしたから，この3000か所というのがいかに莫大なものかわかると思います。これらの荘園に，土地を管理する地頭をおいていくわけですが，その際に新補率法（しんぽりっぽう）とよばれる地頭の取り分を規定した法律をつくります。この新補率法に基づいて取り分をもらう地頭のことを，新補地頭といいます。

012-B 執権政治の展開

3代執権北条泰時の政治

ここからは，執権政治の体制確立の時期に入ります。

まず，北条泰時の時代ですが，これまでの執権（北条時政・義時）の時代とはうって変わって，戦いというものがありません。これは，3代執権⑥北条泰時のころになると，北条氏の権力が盤石なものになっていったことを意味します。そこで，泰時は，この政治体制を長続きさせるために，さまざまな体制づくりをおこないます。

まず，執権の補佐役である連署を設置（1225年）します。初代連署に就任したのは，泰時のおじにあたる北条時房です。さらに⑦評定衆を設置します。重要事項については，有力御家人からなる評定衆で合議をおこなうわけです。

また，法律を整備したのも3代執権泰時です。それが，御成敗式目（貞永式目）です（1232年）。この御成敗式目ですが，決して特殊な内容ではなく，頼朝以来の先例（昔からのしきたり）や，武家社会の道理に基づいた非常にオーソドックスなものでした。大切なのは，現在の法律とはちがって，全国民を対象にしたものではないということです。御成敗式目はあくまでも，御家人にのみに適用された法律です。ですから，朝廷の支配地域には御成敗式目は適用されず，公家法や本所法が適用されました。

5代執権北条時頼の政治

5代執権⑧北条時頼のころになると，有力御家人の争いがおこります。宝治合戦（1247年）です。ここで三浦泰村がたおされました。宝治合戦については，☞戦いの名前よりは，5代執権時頼のときの戦いであるとおさえておけばよいです。

そのほかに，☞5代執権時頼のときの重要事項は2つ。引付衆と皇族将軍です。⑨引付衆は，評定衆のもとにおかれた引付において任命されたもので，評定衆の補佐にあたり，所領の訴訟を専門におこないました。皇族（親王）将軍は，摂家（藤原）将軍に代えておかれた将軍です。最初の皇族将軍には，後嵯峨天皇の子である宗尊親王が就任しました。

鎌倉幕府の職制

鎌倉幕府の職制

　侍所・公文所・問注所はすでに説明したので，地方の職制からいきます。まず，京都の警備をおこなうのは，**京都守護**です。京都守護は，承久の乱後は**六波羅探題**に変わります。そのほかに，九州には**鎮西奉行**，東北には**奥州総奉行**がおかれます。奥州総奉行は，**奥州藤原氏の滅亡をきっかけに設置**されました。

御家人制度

　御家人と将軍の間には，主従関係が結ばれていました。この主従関係では，御家人は将軍のために奉公します。**奉公**とは，戦いがあったときには将軍のために戦い，また，戦いのないときにも，京都の警備である**京都大番役**や，鎌倉の警備である**鎌倉番役**をおこないます。

```
        京都大番役・鎌倉番役
              ↑
             奉公
  ┌──┐  ←────────  ┌────┐
  │将軍│            │御家人│
  └──┘  ────────→  └────┘
             御恩
              ↓
  本領安堵：土地支配権を保証
  新恩給与：新たな土地保有権
```
▲御家人制度

　将軍は，この奉公に対して，**御恩**という形で報いるわけです。御恩とは，**本領安堵**と**新恩給与**です。**新恩給与**とは，新しい土地を与えることで，これはわかりやすいですね。問題は**本領安堵**です。これは，**自分の持っている所領の支配を将軍に認めてもらうこと**です。将軍が認めてくれれば，所領の支配は安泰というわけです。

共通テスト演習問題 16

問題

　鎌倉幕府の執権となった北条氏のうち，時政は失脚にともなって出家し，義時以降の執権3代は，死没の直前に出家した。ところが⒜北条時頼は，1256年に執権の地位を一族の長時に譲って出家したものの，幕政の実権を保持した。

下線部@の時期までの鎌倉幕府に関して述べた文として**誤っているもの**を，次の①〜④のうちから一つ選べ。

① 頼朝以来の先例や道理に基づいて御成敗式目を制定した。
② 評定衆を新たに組織して，幕府の政務や裁判に関与させた。
③ 引付衆を新設して，公正で迅速な裁判の実現をめざした。
④ 鎮西探題を新設して，九州地方の御家人統括や裁判にあたらせた。

解説

北条時頼（ときより）の時代より後の時期の選択肢を選ぶ問題です。仮に北条時頼が鎌倉幕府の5代執権であるということを覚えていなくても，正解は可能です。下線部に1256年という年号があります。この1256年よりも前のできごとが正しいということになります。つまり，13世紀前期よりも前のできごとであれば無条件で正しいということになります。

①は御成敗式目（ごせいばいしきもく），②は評定衆（ひょうじょうしゅう），③は引付衆（ひきつけしゅう），④は鎮西探題（ちんぜいたんだい）です。④については見慣れない言葉かもしれません。仮にこの言葉を知らなくても，問題を解くことは可能です。①〜③については，すべて13世紀前期のできごとです。ですから，①〜③の選択肢の文章に誤りが含まれていればそれが誤り，もし誤りが含まれていなければ④が正解ということになります。

① 御成敗式目は頼朝（よりとも）以来の先例（せんれい）や武家社会の道理に基づいて制定されたので○。
② 評定衆は幕府の政務や裁判にあたるため，13世紀前期に新たにつくられた機関なので○。
③ 引付衆は所領（しょりょう）の裁判を専門におこなう機関です。所領の裁判を専門におこなう機関を設けることによって公平で迅速（じんそく）裁判がおこなわれたと考えると，これも○ということがわかります。

そうなると①〜③は時期も正しく，内容も正しいということになり，④が誤りになります。ちなみに，④の鎮西探題は元寇（げんこう）の後に九州におかれた統治機関です。元寇は13世紀後期のできごとなので，④の設置も13世紀ということになります。

解答 ④

13 鎌倉幕府の衰退

蒙古襲来と鎌倉幕府の衰退

執権	政治	戦乱	外交・その他
8代 ①**北条** **時宗** ときむね	■**異国警固番役** いこくけいごばんやく ■**防塁（石塁）** ぼうるい せきるい	■**蒙古襲来** もうこしゅうらい ◉**文永の役**（1274年） ぶんえい えき ◉**弘安の役**（1281年） こうあん えき 東路軍と江南軍	■**元**の建国 げん ■南宋滅亡 なんそう 元の中国統一
9代 ②**北条** **貞時** さだとき	■鎮西探題 ちんぜいたんだい ■得宗専制体制 とくそう **得宗**：北条氏の嫡流 ちゃくりゅう ↓ **御内人**：得宗の家臣 みうちびと ↓ **内管領**：御内人の代表 うちかんれい ■③**永仁の徳政令** えいにん とくせいれい	■御家人の窮乏化 ごけにん きゅうぼうか ■1285年：**霜月騒動** しもつきそうどう 平 頼綱 VS 安達泰盛 たいらのよりつな あだちやすもり （内管領）（御家人） ごけにん	
16代 北条 守時 もりとき	1333年 ⎰鎌倉幕府の滅亡 ⎱得宗：北条高時 たかとき ⎱内管領：長崎高資 たかすけ	1333年 足利高氏が六波羅探題を攻める あしかがたかうじ ろくはらたんだい 新田義貞が鎌倉を攻める にったよしさだ	

永仁の 徳政令 （1297年）	●御家人の土地の**質入れ**・売却の禁止 しちい ●地頭・御家人に売却した土地：20年未満ならば**無償返還** じとう ●非御家人・凡下に売却した土地：年限を問わず**無償返却** ぼんげ ●**越訴**（再審請求）の禁止 おっそ ●御家人に関する金銭貸借訴訟の不受理 たいしゃく

013-B 鎌倉時代の生活・経済

■ **館**（やかた・たち）：武士の住居

■ **佃**（つくだ）
- 館の周辺にある直営地
- 税を免除された
- 下人（げにん）・所従（しょじゅう）が耕作した

■ **騎射三物**（きしゃみつもの）：
流鏑馬（やぶさめ）・**笠懸**（かさがけ）・**犬追物**（いぬおうもの）

■ **武士の精神**：
「武家のならい」・「兵（つわもの）の道」・
「弓馬（きゅうば）の道」

■ ④ **地頭請所**（じとううけしょ）：荘園の管理を地頭に一任する

■ ⑤ **下地中分**（したじちゅうぶん）：地頭と土地を折半（せっぱん）して支配

● **和与中分**（わよちゅうぶん）（話し合いによる中分）

● **強制中分**（裁判による中分）

■ **二毛作**（にもうさく）
- 麦を裏作とする
- **西日本**を中心とする

■ **肥料**：**刈敷**（かりしき）・**草木灰**（そうもくばい）

■ **商品作物**
- **楮**（こうぞ）（和紙の原料）
- **藍**（あい）（染料の原料）
- **荏胡麻**（えごま）（灯油の原料）

■ **定期市**（ていきいち）
- 定期的に開かれる市
- 通常は月に1回

■ **三斎市**（さんさいいち）：月に3回の定期市

■ **見世棚**（みせだな）：常設（こうせつ）の小売店舗

■ **問丸**（といまる）：商品の中継ぎ・委託販売（いたくはんばい）・運送をおこなう

■ **座**（ざ）：特権的同業者組合

■ **為替**（かわせ）：遠隔地間での支払い手段

■ **借上**（かしあげ）：金融業者

将軍

御恩 ↓ ↑ 奉公

御家人（＝**惣領**（そうりょう））

給与 ↓ ↑ 軍役

庶子（しょし）

▲ 惣領制

地方武士の館（「一遍上人絵伝」（いっぺんしょうにん））▶

これだけ！ワード（共通テストの用語選択で出る語句）────▶ ① 小田原

これだけ！プチ（共通テスト重要語句）────▶ 塵芥集（じんかいしゅう）

これだけ！フレーズ（共通テスト正誤判断のカギとなるフレーズ）─▶ 北条氏

🖐 ひとこと！アドバイス（得点アップのワンポイント）────▶ 🖐 分国法

013-A 蒙古襲来と鎌倉幕府の衰退

> **🏴 鎌倉時代は3つの時期に分けて整理！**
>
> 鎌倉時代は，大きく3つの時期に分けることができます。
> ❶初代執権北条時政と2代執権北条義時の時期は，北条氏が
> ライバルをたおしていった時期です。❷3代執権北条泰時とそ
> の孫である5代執権北条時頼の時期は，北条氏を中心とした執
> 権政治の体制を確立した時期です。この2つの時期については，
> 第12講で扱いました。
>
> 今回の講義で扱うのは，3番目の時期，鎌倉時代もとうとう
> 終わりの時期です。つまり，❸8代執権の北条時宗と9代執権
> 北条貞時，そして鎌倉幕府滅亡のときの最高権力者であった北
> 条高時の時期となります。それでは，1つずつ見ていきましょう。

▶ 蒙古襲来 —— 執権北条時宗の時代

8代執権①**北条時宗**は，**蒙古襲来**のときの執権です。

モンゴル帝国の皇帝であった**フビライ＝ハン**が，中国に**元**という国を建国
しました。フビライ＝ハンは，朝鮮半島を服属させた後，日本に対して朝貢
を要求します。しかし，当時の執権北条時宗が，この朝貢要求を拒否したため，
元の日本への攻撃がはじまるわけです。

蒙古襲来は2回にわたっておこなわれますが，1回目は元の建国の3年後，
1274年のことでした。この攻撃を**文永の役**といいます。このとき，元の軍隊
は**博多湾に上陸**します。文永の役は，日本の武士たちの奮闘と元の軍隊の内部
対立で元軍が退散したため，終結します。

その後，鎌倉幕府は，元が再び攻撃してくることに備え，博多湾に**防塁（石
塁）**という防御用の土手をつくり，九州の沿岸警備をおこなう**異国警固番役**を
強化します。

2回目の攻撃は，元が中国にあった**南宋**という国を滅ぼし，中国を統一した
2年後の1281年におこなわれます。これを**弘安の役**といいます。弘安の役で
は大暴風雨がおこって，元軍が撤退しました。

文永の役（1274年10月）
── 元軍
弘安の役（1281年7月）
── 東路軍（元・高麗軍）
── 江南軍（元軍）

◀蒙古襲来関係図

▲防塁（石塁）

🔎 御家人の窮乏化 ── 執権北条貞時の時代

8代執権の跡を継ぐのが，子である9代執権②**北条貞時**です。この時代の特徴は，☞**御家人の窮乏化と得宗専制体制**です。

まず，**御家人が窮乏化**した理由から説明します。蒙古襲来があったとき，御家人は幕府のために懸命に戦いました。しかし，この**蒙古襲来に対する御恩，つまり恩賞はほとんど与えられませんでした**。なぜなら，蒙古襲来は蒙古の侵略を撃退しただけだからです。領土を新たに手に入れたわけではないので，幕府は領土を与えることが物理的に不可能だったのです。

また，当時は分割相続が主流だったのですが，何代にもわたって**分割相続を続けていった結果**，**所領が細分化**してしまい，御家人は貧しくなってしまったのです。

🔎 永仁の徳政令

幕府は，御家人の窮乏化を防ぐために③**永仁の徳政令**（**1297年**）を出します。徳政令というのは，御家人の売った土地がタダで返ってくるというものです。ただし，売った相手によって返ってくるかどうかが異なります。売った相手が御家人以外の人の場合は，無条件で返ってきますが，**売った相手が御家人の場合は，売ってから20年未満のものでないと返ってきません**。

また，御家人が土地を質に入れたり売ったりするのを禁止したり，土地の訴訟に関する裁判のやり直しを禁止したりします。しかし結局，御家人の窮乏化に歯止めをかけることはできませんでした。

❯ 得宗専制体制 —— 執権北条貞時の時代

　御家人が貧しくなる一方で，力をのばしていったのが**北条氏**です。北条氏は蒙古襲来をきっかけに，**西国にも力をのばしていきます**。蒙古襲来は国家の一大事だったため，御家人でない人も動員されました。その結果，北条氏は，御家人でない人にも影響力をおよぼせるようになったのです。

　さらに，御家人の窮乏化もあって，北条氏の力だけが強くなるという状況になりました。実際，このころ全国の**守護の半分を北条氏が**占めるようにまでなりました。

　北条氏の中でもとくに権力を握っていたのが，**得宗**とよばれる家です。得宗とは家督，つまり北条氏の中でも跡を継ぐ家のことです。この得宗家が権力を一手に握って専制政治をおこなうのが，**得宗専制体制**です。

❯ 霜月騒動

　得宗家の力が強くなるにつれ，得宗家の家臣の力も強くなっていきます。**得宗家の家臣のことを御内人**，御内人の代表者を**内管領**といいます。

　得宗家の家臣である内管領が強くなったことを示す事件として，**霜月騒動**をあげることができます。霜月騒動とは，得宗家の家来である**内管領平頼綱**が，有力御家人である**安達泰盛をたおした事件**です。

❯ 鎌倉幕府の滅亡 —— 得宗北条高時の時代

　得宗専制体制とは，平たくいえば独裁体制です。独裁体制に不満を持つ人は当然多いわけで，1333年には得宗として権力をふるっていた**北条高時**がたおされます。その結果，**鎌倉幕府は滅亡**するわけですが，これについては，第15講で詳しくお話しいたします。

013-B 鎌倉時代の生活・経済

武士の生活

　鎌倉時代の武士は，自らの土地を持っていて，その土地を守るために武装化していました。ですから，武士の住居は，自らの土地の中心に構えられました。武士の住居を**館**（やかた）といいます。館の周囲には，直営地である**佃**（つくだ）がありました。この佃は，**給田（免田）**（きゅうでん・めんでん）といって，租税を免除されていました。

　当時は，すでに述べたように**分割相続**が主流であったため，血縁関係が非常に重視されました。また，**女性が所領を相続することも一般的でした。**

　鎌倉時代の武士は，**惣領制**（そうりょうせい）をとっていました。**惣領**とは一族の代表者のことです。将軍は，この惣領と主従関係を結びます（▷p.123）。惣領は一族の者たちを**庶子**（しょし）にします。惣領は，戦いがはじまると，庶子を率いて戦いにのぞむわけです。

　鎌倉時代の武士は，武芸を非常に重視していました。的を射る流鏑馬（やぶさめ），笠（かさ）を射る笠懸（かさがけ），犬をねらう犬追物（いぬおうもの）を**騎射三物**（きしゃみつもの）といいます。このような武芸を訓練することが求められていました。

地頭の荘園侵略

　地頭（じとう）とは，土地の管理をおこなう人たちのことでした。その地頭が，鎌倉時代中期以降になると，荘園を侵略するようになります。荘園の領主はもちろん，地頭の荘園侵略を何とかして防ぎたいと考えるわけです。そこで，とられた方法は2つありました。④**地頭請所**（じとううけしょ）と⑤**下地中分**（したじちゅうぶん）です。

　地頭請所とは，荘園の管理を地頭に完全にまかせてしまうことです。荘園の管理を完全にまかせることによって，地頭がこれ以上侵略しようという気持ちをおこさせないようにしようとしたわけです。しかし，地頭請所によって，**地頭の土地に対する影響力は増していき，結局はますます荘園侵略を進めるようになってしまいました。**

　もう1つは，下地中分です。**下地中分とは，地頭と土地を折半**（せっぱん）**する，つまり，地頭に土地の一部を与えてしまうことです。**「土地の一部をあげるから，もう侵略はしないでくれ！」ということですが，これは逆効果でした。「荘園侵略す

れば土地が手に入るぞ！」と思った地頭は，ますます**荘園侵略を加速**させていきます。下地中分には，話し合いによる**和与中分**と，裁判による**強制中分**があります。

> **POINT**
>
> [地頭の荘園侵略からの防衛]
> ① **地頭請所**：荘園の管理を地頭にまかせる
> ② **下地中分**：地頭に土地の一部を与える

このころになると，ひどい土地の管理をおこなう地頭が多くいました。そのため，**紀伊国**（和歌山県）**阿氐河荘民訴状**のように，地頭の悪政を荘園領主に訴えるような文章が現在でも残っています。

❷ 鎌倉時代の農業

鎌倉時代の産業・経済は，第16講の☞「室町時代の産業・経済」と対比して学習すると効果的です。ですから，第16講を学んだ後で，もう1回ここを読み直してください。

鎌倉時代の農業の特色は，**二毛作**です。これは1年の間に同じ田に米と麦を，時期をずらして植えることです。**鎌倉時代には西日本**を中心に二毛作がおこなわれました。

それから，**肥料も普及**していきます。鎌倉時代の代表的な肥料は，**刈敷**と**草木灰**です。刈敷は，草を刈り取って田畑に敷きこんで肥料にしたものです。草木灰は，草や木を灰にして肥料にしたものです。また，**牛や馬を農作業**に用いて，農作業を効率化したりもしました。

> **POINT**
>
> [鎌倉時代の農業]
> ① **二毛作**：同じ田に米と麦
> ② 肥料：**刈敷**と**草木灰**
> ③ 農作業の効率化：**牛や馬**の使用

当時の耕作についてですが，古代からあった名主の権限が強くなります。**名主**は耕作の際に**下人**などを使い，名田を耕作します。また，**作人**とよばれる

小規模の農民は，名田の耕作を請け負ったりして生計を立てていました。

❯ 鎌倉時代の商業

　鎌倉時代になると，定期的に市場が開かれるようになります。これを**定期市**といいます。定期市は通常，月に1回でしたが，徐々に回数も増えていき，月に3回開かれる**三斎市**も一般的になりました。また，**常設の小売店舗**も現れます。**見世棚**といいます。しかし，見世棚が普及するのは，室町時代になってからのことです。

　鎌倉時代になると，日宋貿易によって貨幣が流入しました。これを**宋銭**といいますが，この宋銭が多く流通するようになります。その結果，年貢を銭で納入する**銭納**などもおこなわれました。

　商業が発展するにしたがって，遠い地域との商品の取引が増えていきます。そこで現れるのが，**問丸**です。問丸は，**運送や商品の中継ぎ**，**委託販売**をおこないました。また，**遠隔地取引での支払い手段**として，**為替**という方法もうまれました。

　最後に，鎌倉時代の金融業者として，**借上**をおさえておいてください。☝借上については，室町時代の金融業者と混同しないようにすることが大切です。

[鎌倉時代の商業] **POINT**

① 定期市：月に3回開かれる三斎市

② 見世棚：常設の小売店舗

③ 問丸：運送や商品の中継ぎ

④ 為替：遠隔地取引での支払い手段

⑤ 借上：金融業者

問題

　元の攻撃は日本に大きな影響を与え，ⓐ鎌倉後期の日本社会においては，さまざまな変化が起きた。また，ⓑ中国で発行された貨幣が博多にもたらされ，次第に日本の各地で使用されるようになっていく。

問1　下線部ⓐに関連して，この時期に関することがらについて述べた文として**誤っているもの**を，次の①～④のうちから一つ選べ。

① 　有力農民たちが地域的団結を強化し，徳政一揆をおこした。
② 　御家人の困窮を救うため，鎌倉幕府は永仁の徳政令を出した。
③ 　分割相続のくり返しは，御家人たちの窮乏化の原因の一つになった。
④ 　悪党とよばれた集団が，幕府や荘園領主の支配に抵抗した。

問2　下線部ⓑに関連して，鎌倉時代の貨幣に関して述べた文として正しいものを，次の①～④のうちから一つ選べ。

① 　荘園では，銭による年貢の納入がおこなわれるようになった。
② 　商品流通が活発化したため，朝廷は銭の発行を再開した。
③ 　銭の質が悪化したため，幕府は悪銭の使用を禁止した。
④ 　遠隔地との取引のために，為替の代わりに銭が使用されるようになった。

解説

問1

① 　徳政一揆（とくせいいっき）は室町時代におこったものなので，誤りです（▷p.148）。鎌倉時代で「徳政」といわれたら，②に出てくる御家人の救済のための法令（「永仁の徳政令」（えいにんのとくせいれい））しかありません。ですから，その点でもこの選択肢は誤っているのではないかと推測してください。

② 永仁の徳政令は，窮乏化した御家人を救うために出されたものです。永仁の徳政令という名前を仮に知らなくても，鎌倉幕府が御家人を救うために法令を出したということがわかっていれば，この選択肢は正しいのではないかと考えてください。

③ 分割相続のくり返しによって，御家人は窮乏化したので〇。

④ 悪党については，室町時代のところで習います。ただ，この悪党は鎌倉時代後半から室町時代にかけて登場したものです。

　徳政一揆と悪党を知らない場合，この問題が解けないように思うかもしれませんが，正解することは可能です。私たちは鎌倉時代で「徳政」というと，御家人の救済と習いました。ですから，①の選択肢は私たちが習った内容とは異なっているということになります。ですから，①が誤りなのではないかと推測してください。

解答　①

問2

　鎌倉時代の貨幣経済については，2020年度の最後のセンター試験と2021年度の最初の共通テストで続けて出されるほど，よく出題される分野です。重要な分野は共通テストでも何度も出題されますので，しっかりとおさえておきましょう。

① 鎌倉時代には年貢の納入を銭でおこなうようになったので〇。

② 鎌倉時代には，もっぱら中国から輸入された貨幣を使っていたので✕。

③ これは室町時代の撰銭令の内容です。ただ，撰銭令を仮に知らなくても，鎌倉時代では悪銭の使用を禁止したといった内容は習っていないので，✕ではないかと推測してください。

④ 遠隔地との取引のため，貨幣の代わりに為替という決済手段が用いられるようになりました。選択肢の文は，「為替」と「銭」が逆になっているので，誤りです。

解答　①

14 鎌倉文化

014-A **鎌倉時代の仏教**

	宗派	開祖	特徴	著書	寺院
念仏	浄土宗（じょうどしゅう）	法然（ほうねん）	専修念仏：①念仏を唱えれば，死後平等に往生（おうじょう）	『選択本願念仏集』（せんちゃくほんがんねんぶつしゅう）	知恩院（ちおんいん）（京都府）
	浄土真宗（じょうどしんしゅう）	親鸞（しんらん）	②悪人正機（あくにんしょうき）：煩悩（ぼんのう）の深い人こそ阿弥陀仏（あみだぶつ）に救われる	『教行信証』（きょうぎょうしんしょう）	本願寺（ほんがんじ）（京都府）
	時宗（じしゅう）	一遍（いっぺん）	踊念仏（おどりねんぶつ）	（一遍上人語録）（しょうにん）	清浄光寺（しょうじょうこうじ）（神奈川県）
題目（だいもく）	日蓮宗（にちれんしゅう）（法華宗）（ほっけしゅう）	日蓮（にちれん）	③題目を唱える他宗批判をおこなう	『立正安国論』（りっしょうあんこくろん）	久遠寺（くおんじ）（山梨県）
禅宗（ぜんしゅう）	臨済宗（りんざいしゅう）	栄西（えいさい）	④公案（こうあん）を解決しながら悟りに至る	『興禅護国論』（こうぜんごこくろん）『喫茶養生記』（きっさようじょうき）	建仁寺（けんにんじ）（京都府）
	曹洞宗（そうとうしゅう）	道元（どうげん）	只管打坐（しかんたざ）：ひたすら坐禅（ざぜん）	『正法眼蔵』（しょうぼうげんぞう）	永平寺（えいへいじ）（福井県）

旧仏教	宋からきた禅僧
●法相宗（ほっそうしゅう）：貞慶（じょうけい）（解脱）（げだつ） ●華厳宗（けごんしゅう）：明恵（みょうえ）（高弁）（こうべん）…高山寺（こうざんじ） ●律宗（りっしゅう）{ 叡尊（えいぞん）（思円）（しえん）…西大寺（さいだいじ） 忍性（にんしょう）（良観）（りょうかん）…極楽寺（ごくらくじ） }	●蘭渓道隆（らんけいどうりゅう）：北条時頼（ときより）が招く鎌倉に建長寺（けんちょうじ）を開く ●無学祖元（むがくそげん）：北条時宗（ときむね）が招く鎌倉に円覚寺（えんがくじ）を開く 伊勢神道（いせしんとう）（度会家行）（わたらいいえゆき）・反本地垂迹説（はんほんじすいじゃくせつ）

014-B 鎌倉文化

和歌	■『新古今和歌集』：後鳥羽上皇の命。藤原定家・藤原家隆が編纂 ■『金槐和歌集』：⑤源実朝 ■『山家集』：⑥西行	彫刻	東大寺：重源が再建，陳和卿の技術 南大門金剛力士像 僧形八幡神像 興福寺 { 無著・世親像 / 天灯鬼・龍灯鬼像
文学	■⑦『方丈記』：鴨長明 ↳鎌倉時代初期 ■⑧『徒然草』：兼好法師 ↳鎌倉時代末期 ■『十六夜日記』：阿仏尼	建築	大仏様：東大寺南大門 禅宗様：円覚寺舎利殿 和様：三十三間堂（蓮華王院本堂）
説話	『十訓抄』 『宇治拾遺物語』 『古今著聞集』 『沙石集』：無住	絵巻物	「平治物語絵巻」・「男衾三郎絵巻」 「一遍上人絵伝」・「蒙古襲来絵巻」 「北野天神縁起絵巻」 「春日権現験記」
軍記物	『保元物語』 『平治物語』 『平家物語』：琵琶法師が平曲を語る	似絵	藤原隆信 {「伝源頼朝像」/「伝平重盛像」 藤原信実：「後鳥羽上皇像」
史書	■⑨『愚管抄』：慈円の著 道理に基づく ■『吾妻鏡』：幕府の立場 ↳日記体 ■『元亨釈書』：虎関師錬 ↳仏教史	教育	⑩金沢文庫：金沢実時 ↳武蔵国（横浜市） 『禁秘抄』：順徳天皇 ↳有職故実
		その他	瀬戸焼：加藤景正 刀鍛冶 { 正宗 / 藤四郎吉光

これだけ！ワード（共通テストの用語選択で出る語句）━━━━━━▶ ①小田原

これだけ！プチ（共通テスト重要語句）━━━━━━━━━━━▶ 塵芥集

これだけ！フレーズ（共通テスト正誤判断のカギとなるフレーズ）━▶ 北条氏

☝ひとこと！アドバイス（得点アップのワンポイント）━━━━━━▶ ☝分国法

014-A 鎌倉時代の仏教

> **🔔 鎌倉文化は頻出分野！**
>
> 　今日は，鎌倉文化を扱います。頻出分野ですから，気合いを入れて頑張っていきましょう。
> 　まず，鎌倉時代の新しい仏教の宗派は大きく分けて3つ。念仏の宗派と題目の宗派，そして禅宗です。

▶ 念仏の宗派

　まずは，①**念仏**の宗派からです。念仏とは，極楽に往生するために「**南無阿弥陀仏**」と唱えることです。そのはじまりは**浄土宗**の**法然**です。彼は，**専修念仏**という考えを唱えます。専修念仏とは，念仏を唱えさえすれば，死後平等に極楽へ行けるという考えです。その教えが，法然の『**選択本願念仏集**』という著書に記されています。

　浄土宗では，念仏以外のものを重要視しなかったため，従来の仏教サイドから迫害を受けました。法然に限らず，鎌倉新仏教の人たちはみな，従来の宗教勢力から弾圧を受けたということをおさえておいてください。

　次に出てくるのは，**浄土真宗**の**親鸞**です。親鸞は法然の弟子です。彼は，②**悪人正機**という考えを唱えます。これは，阿弥陀仏は煩悩が多い人こそを救おうとしているという考えです。

　念仏の宗派の最後は，**一遍**の開いた**時宗**です。一遍は**踊念仏**をおこない，「念仏を唱えたすべての人が救われる」と唱えます。

▶ 題目の宗派

　次は，題目の宗派です。③**題目**とは，「**南無妙法蓮華経**」と唱えることです。これを唱えたのが，**日蓮宗（法華宗）**の**日蓮**です。日蓮は，徹底した他宗非難をおこなったり，『**立正安国論**』で国難がおこると予言したりしたので，厳しい迫害を受けます。

❷ 禅宗

そして，禅宗は2つに分かれます。臨済宗と曹洞宗です。**栄西**がはじめた**臨済宗**は④**公案**という問題を解決しながら悟りを開く方法で，幕府や武士に愛好されました。**道元**の開いた**曹洞宗**は，只管打坐といって，ただひたすら坐禅に打ち込むことを唱えました。道元は，**永平寺**(福井県)を開きました。

❷ 旧仏教

鎌倉時代の旧仏教のキーワードは，**南都仏教**(旧仏教)の復興です。新仏教の流行にともない，人気がなくなってきた旧仏教を盛り上げようとするわけです。**法相宗**の**貞慶**は，戒律を尊重するとともに鎌倉新仏教の批判をします。**華厳宗**の**明恵**(高弁)も同様です。真言**律宗**の**叡尊**と**忍性**は，貧困や難病で苦しんでいる人々のために救済事業をおこないながら，旧仏教を盛り上げようとしました。

❷ 中国からの僧

中国から来た2人の僧侶，蘭溪道隆と無学祖元は重要です。**蘭溪道隆**は北条時頼が招き，**無学祖元**は北条時宗が招きました。無学祖元が，鎌倉に**円覚寺**を開きます。

最後に，鎌倉時代の神道として，**度会家行**がはじめた**伊勢神道**をおさえましょう。伊勢神道は，従来の**本地垂迹説**(▷p.98)を否定する神道です。

014-B 鎌倉文化

❷ 鎌倉時代の文学

まずは，和歌集からです。『**新古今和歌集**』は**後鳥羽上皇**の命で，**藤原定家**・**藤原家隆**らが編纂した和歌集です。これは，平安時代の『**古今和歌集**』から続く，天皇による和歌編纂事業の1つです。次は，将軍⑤**源 実朝**による『**金槐和歌集**』です。これは万葉調の歌を集めた歌集です。最後に，⑥**西行**の『**山家集**』もおさえておいてください。

次は文学作品です。鴨長明の⑦『**方丈記**』と，兼好法師の⑧『**徒然草**』です。

⬆東大寺南大門（大仏様）

⬆円覚寺舎利殿（禅宗様）

⬆東大寺南大門金剛力士像

⬆踊念仏（「一遍上人絵伝」）

⬆「蒙古襲来絵巻」

⬆琵琶法師（「一遍上人絵伝」）

共通テストでは🖐タイトルだけではなく，成立時期をおさえておく必要があります。🖐『方丈記』が鎌倉時代初期で，『徒然草』が鎌倉時代末期です。最後に，紀行文学ともいえる阿仏尼の『十六夜日記』も，おさえておくと安心です。

説話については，🖐平安末期の文化のところで出てきた『今昔物語集』以外の著名な説話集は，鎌倉時代のものです。133ページの表解板書にある「説話」のタイトルを見て，鎌倉時代のものであると識別できるようにしてください。

❯ 鎌倉時代の史書と軍記物

🖐鎌倉時代の軍記物は，源平の合戦が題材です。保元の乱を題材とした**『保元物語』**，平治の乱を題材とした**『平治物語』**，そして平家の栄枯盛衰を描いた**『平家物語』**です。平家物語は，**琵琶法師**とよばれる人たちが，独特の節回しで語りました。それを**平曲**といいます。

最後は歴史書です。まずは，**慈円**が**道理**に基づいて著した⑨**『愚管抄』**です。これは，後鳥羽上皇に承久の乱（▷p.117）を思いとどまってもらう目的で記されました。ほかに，幕府の立場で書かれた**『吾妻鏡』**や，禅僧の**虎関師錬**が著した仏教史書**『元亨釈書』**などをおさえておけば，大丈夫です。

❯ 鎌倉時代の彫刻と建築

鎌倉時代の一大事業といえば，奈良の東大寺と興福寺の再建です。東大寺と興福寺は，源平の合戦のときに平氏の手によって焼き討ちされてしまっていました。まず，**東大寺**は重源が中心になって再建されました。**大仏様**の東大寺**南大門**が建てられ，その南大門には**金剛力士像**がおかれました。

東大寺以外を見ると，鎌倉時代は禅宗が盛んになった時代でもあります。そのため，鎌倉の**円覚寺舎利殿**をはじめとする**禅宗様**（唐様）の**禅宗寺院**が建立されました。あとは，京都の**三十三間堂**（蓮華王院本堂）も，鎌倉時代の建築物であるとおさえておくとよいでしょう。

❯ 鎌倉時代の絵画

鎌倉時代は，平安末期に続いて**絵巻物**の描かれた時代です。絵巻物では，軍記物同様，源平の合戦を描いた「平治物語絵巻」が有名です。また，鎌倉時代のできごとも絵巻物に多く描かれました。関東の武士の様子を描いた**「男衾三郎絵巻」**，一遍の様子を描いた**「一遍上人絵伝」**，蒙古襲来の様子を描いた**「蒙古**

襲来絵巻」などが有名です。さらに、当時、怨霊としておそれられていた菅原道真を題材とした「北野天神縁起絵巻」も描かれました。

また、似絵とよばれる肖像画も多く描かれました。京都の神護寺所蔵の「伝源頼朝像」も、この似絵の1つです。藤原隆信の作と伝えられています。

❯ 鎌倉時代の教育・その他

最後に教育では、金沢実時が武蔵国(横浜市)に開いた⑩金沢文庫という図書館と、朝廷の儀式などをまとめた有職故実として、順徳天皇の『禁秘抄』をおさえておいてください。

そのほかには、加藤景正の瀬戸焼、正宗・藤四郎吉光の刀鍛冶などがあります。文化史は、☜一問一答的に丸暗記するのではなく、「鎌倉時代のものかそうではないか」を識別できるようにすることが大切です。

📖 共通テスト演習問題 18

問題

鎌倉幕府が成立すると、京都からさまざまな目的で人が鎌倉へとやって来るようになった。草創期の幕府は、都の下級貴族層を官僚として迎え入れた。ⓐその後も鎌倉時代を通じ、幕府の首脳たちはさまざまな形で京都とのつながりを持っていた。

鎌倉時代の武士の中には、武術のみではなくⓑ学問・文学や宗教・思想に関心を持つ者もいた。幕府がおかれた鎌倉では、将軍や執権の一族を中心に新しい文化が育まれた。

問1 下線部ⓐに関連して、鎌倉と京都の間の交渉に関して述べた次の文 Ⅰ～Ⅲについて、古いものから年代順に正しく配列したものを、下の ①～④のうちから一つ選べ。

Ⅰ 『新古今和歌集』が編纂され、鎌倉の将軍のもとに届けられた。

Ⅱ 御成敗式目が制定され、京都の幕府出先機関に送られた。

Ⅲ 鎌倉で内管領の平頼綱が滅ぼされ、その知らせが数日のうちに京都に伝わった。

① Ⅰ―Ⅱ―Ⅲ   ② Ⅰ―Ⅲ―Ⅱ   ③ Ⅱ―Ⅰ―Ⅲ   ④ Ⅲ―Ⅱ―Ⅰ

問2 下線部⑥について述べた文として正しいものを，次の①〜④のうち から一つ選べ。

① 北条義時は学問に関心を持ち，和漢の書物を集めた金沢文庫を設け た。

② 伊勢神宮神官の度会家行は，本地垂迹説による唯一神道を完成させ た。

③ 日蓮は，「南無阿弥陀仏」を唱えると極楽浄土へ往生すると説いた。

④ 平氏の興亡を描いた『平家物語』が，琵琶法師により平曲として語ら れた。

解説

問1 『新古今和歌集』は後鳥羽上皇の勅撰和歌集です。後鳥羽上皇というと，承久の乱のころの人物ですから，そのことがわかっていれば，ここからは政治史の問題に置き換えることができます。

Ⅰは承久の乱のころなので13世紀初め，Ⅱの御成敗式目は承久の乱の後に執権になった北条泰時が定めたものなのでⅠの直後，Ⅲの内管領が力を持つのは鎌倉時代後期の得宗専制体制になってからなので13世紀後半です。よって，Ⅰ→Ⅱ→Ⅲの順となります。

解答 ①

問2

① 金沢文庫を設けたのは金沢実時(北条実時)です。仮にこのことがわかっていなくても，北条義時は承久の乱のころの執権です。学問のところでは登場しません。ですから，「習った内容とちがうな」と思って，正解の候補から外してください。

② 鎌倉時代を代表する神道である伊勢神道は本地垂迹説に反対する立場からうまれました。「本地垂迹説…完成させた」の部分が誤りとなります。

③ 日蓮は念仏ではなく，題目を唱えることを主張しました。「南無阿弥陀仏」は念仏なので誤りです。

④ 『平家物語』は平氏の興亡を描いたもので，琵琶法師によって語り継がれました。したがって，この選択肢が正しいです。

解答 ④

15 建武の新政と室町幕府

鎌倉幕府の滅亡と建武の新政

天皇	大覚寺統 （だいかくじとう）	持明院統・幕府の動き （じみょういんとう）
亀山 （かめやま）	後嵯峨法皇の死去 → 亀山天皇 VS 後深草上皇 （ごさが）　　　　　　　　　　　　　　　（ごふかくさ）	
後醍醐 （ごだいご）	■①**後醍醐天皇**の即位 ●**天皇親政**をおこなう ●記録所の設置 　（きろくしょ） ●倒幕計画 ┤**正中の変** 　　　　　　（しょうちゅう） 　　　　　　**元弘の変** 　　　　　　（げんこう） ●後醍醐天皇は②**隠岐**（島根県） 　　　　　　　　　　（おき） 　に流された	■大覚寺統・持明院統が交互 　に天皇に即位（**両統迭立**） 　　　　　　　　　（りょうとうてつりつ） ■幕府の得宗専制体制に対す 　　　　　（とくそう） 　る不満が高まる ●得宗：**北条高時** 　　　　　（たかとき） ●内管領：**長崎高資** 　（うちかんれい）　（たかすけ）
光厳 （こうごん）	■倒幕の令旨（**護良親王**） 　　　（りょうじ）（もりよししんのう） ●足利高氏：**六波羅探題**を攻略 　（あしかがたかうじ）（ろくはらたんだい） 　└のち尊氏 ●**新田義貞**：鎌倉を攻略 　（にったよしさだ）	1333年：倒幕 ●北条高時が自害
後醍醐	1334年：**建武の新政**（～36年） 　　　　　（けんむ） ■新政への不満 ●**綸旨**が絶対であった 　（りんじ） ■武士への**恩賞の不公平** 　　　　　　（おんしょう） ●③**二条河原落書** 　（にじょうがわらのらくしょ） 　建武の新政を批判した落書き ■後醍醐天皇は**吉野**へのがれた 　　　　　　　　（よしの）	■1335年：**中先代の乱** 　　　　　　　（なかせんだい） ●**北条時行**（高時の子）挙兵 　（ときゆき） ●足利尊氏がたおした 　（たかうじ） ■足利尊氏が反旗を**翻**す 　　　　　　　　　　（ひるがえ） ●楠木正成をたおして京都を 　（くすのきまさしげ） 　制圧した 　（せいあつ）
光明 （こうみょう） 後醍醐	南朝の成立 後醍醐天皇	北朝の成立 **光明天皇**

015-B 室町幕府の展開

将軍	戦乱	政治・一揆
初代 足利 尊氏	■1350年：観応の擾乱（～52年） ●高師直（執事）・足利尊氏が 足利直義（弟）と対立	■1336年：④建武式目 室町幕府の基本法典 ■1338年：尊氏が征夷大将軍に
3代 ⑤足利 義満	■土岐康行の乱 ■明徳の乱：山名氏をたおす ●11か国の守護（六分の一衆）	■1392年：南北朝の合体 南朝の後亀山天皇が、 北朝の後小松天皇に譲位 ■義満が太政大臣に就任
4代 義持	■応永の乱：大内氏をたおす ●周防・長門など6か国の守護	
6代 ⑥足利 義教	■1438年：永享の乱 ●足利持氏（鎌倉公方）を たおす ■1441年：嘉吉の変 ●赤松満祐が将軍を暗殺	■1428年：⑦正長の徳政一揆 ●近江坂本の馬借が中心 ■1429年：播磨の土一揆 ●侍の国外退去を要求 ●赤松満祐によって鎮圧される ■1441年：嘉吉の徳政一揆
8代 義政	■1467年：⑧応仁の乱（～77年） ●足利義尚 VS 足利義視	
9代 義尚	●細川勝元 VS 山名持豊 →戦国時代に突入	■1485年：⑨山城の国一揆 ●山城の国人が8年間の自治 ■1488年：⑩加賀の一向一揆 ●一向宗門徒が1世紀の支配

これだけ！ワード（共通テストの用語選択で出る語句）────→①小田原

これだけ！プチ（共通テスト重要語句）────→塵芥集

これだけ！フレーズ（共通テスト正誤判断のカギとなるフレーズ）─→北条氏

☝ひとこと！アドバイス（得点アップのワンポイント）────→☝分国法

鎌倉幕府の滅亡と建武の新政

❯ 天皇家の対立と両統迭立

　鎌倉幕府の滅亡を語るうえで，まず重要なのは，天皇家の対立です。13世紀後半に**後嵯峨法皇**が死去したのをきっかけに，後嵯峨法皇の2人の子供が対立をはじめます。**亀山天皇**側を**大覚寺統**，**後深草上皇**側を**持明院統**といいます。

　この対立は，14世紀はじめの**両統迭立**によって，一応の解決をみます。両統迭立とは，**大覚寺統と持明院統が交互に天皇に即位**するというやり方です。実はこれ，**幕府の提案でおこなわれた**ことなのです。この「幕府の提案で」という部分が，後に重要となってきます。

❯ 後醍醐天皇の親政

　両統迭立の結果，最初に天皇になったのが，大覚寺統の①**後醍醐天皇**です。後醍醐天皇は，その名からもわかるように，**醍醐天皇の天皇親政を理想**としていました（▶p.89）。そのため，自らも**天皇親政**をおこなおうとします。重要政務をおこなう**記録所**をおいたりするわけですが，さきほどお話しした両統迭立にしても，天皇はどうしても鎌倉幕府の影響下でしか動けません。

　そこで，後醍醐天皇は，真の天皇親政をおこなうために，倒幕計画を立てるわけです。しかも，当時の幕府は，**得宗の北条高時**と**内管領の長崎高資**が専制政治をおこなっており，人々の反発を招いていました。不満を持っている人を味方につければ，幕府をたおすことも可能であると考えたわけです。その倒幕計画が，**正中の変**（1324年）と**元弘の変**（1331年）です。しかし，これらの倒幕計画は失敗に終わり，後醍醐天皇は②**隠岐**（島根県）に流されてしまいます。

❷ 鎌倉幕府の滅亡

幕府は，持明院統の**光厳天皇**を即位させますが，これに対して後醍醐天皇を支持する人たちから大きな反発がおきます。そして，後醍醐天皇の子である**護良親王**が倒幕の**令旨**を出します。そのよびかけに応じて，1333年，**足利高氏**（のちの**尊氏**）が京都の**六波羅探題**を攻め，**新田義貞**が鎌倉を攻め，鎌倉幕府は滅亡してしまいます。

❷ 建武の新政の組織

鎌倉幕府滅亡とともに，後醍醐天皇は京都に戻ってきて，再び天皇となります（1334年）。幕府に邪魔されない，真の**天皇親政**が実現したわけです。これを**建武の新政**といいます。

建武の新政の中央組織については，以下のようになります。

> **POINT**
>
> [建武の新政の中央組織]
> ① 記録所：重要政務
> ② 恩賞方：恩賞事務
> ③ 雑訴決断所：所領関係の訴訟
> ④ 武者所：警備

国司と**守護**は両方おかれました。また，地方組織は，**鎌倉将軍府**と**陸奥将軍府**がおかれます。

❷ 建武の新政の問題点

さて，建武の新政ですが，さまざまな問題を抱えます。まず，**綸旨**とよばれる天皇の命令が絶対視される わけですが，これが天皇の気分次第で出されるため，政治が混乱してしまうわけです。また，天皇親政を進めるあまりに，皇族や貴族ばかり優遇してしまい，**武士への恩賞が不公平**になります。とくに，鎌倉幕府滅亡に貢献した**足利尊氏**が，新政権ではほとんど大事にされませんでした。

このような状況のため，建武の新政がはじまってからわずか2か月後には，京都の鴨川に，③**二条河原落書**という建武の新政を批判した落書きが書かれる始末でした。

❯ 建武の新政の崩壊

建武の新政の翌年の1335年，**中先代の乱**がおこります。最後の得宗であった北条高時の子である**北条時行**が反乱をおこしたのです。北条時行は鎌倉を占領します。

このとき，足利尊氏は後醍醐天皇に「北条時行をたおしにいくから征夷大将軍の称号をください」とお願いするのですが，後醍醐天皇は足利尊氏に征夷大将軍の称号を与えませんでした。鎌倉幕府を嫌っていた後醍醐天皇にとって，征夷大将軍の称号を与えることは嫌だったのでしょう。足利尊氏は，後醍醐天皇の許可なしに鎌倉に行き，中先代の乱を平定します。

すると足利尊氏は，建武の新政に対して反旗を翻すのです。尊氏は中先代の乱の翌1336年，京都を制圧し，**持明院統**の**光明天皇**を即位させます。居場所を失った後醍醐天皇は**吉野**(奈良県)にのがれます。このとき，後醍醐天皇は，光明天皇に天皇の地位を譲らなかったので，<u>京都と吉野に2人の天皇が並び立つ時代</u>になります。**南北朝時代**のはじまりです。

やがて，1338年に足利尊氏は**征夷大将軍**となり，**室町幕府**を京都に開きます。

[南北朝時代]

南朝：大賞寺統(吉野) → 後亀山天皇 ─┐
                                        ├─ 合体
北朝：持明院統(京都) → 後小松天皇 ─┘ (足利義満,
                                        1392年)

015-B 室町幕府の展開

▶ 足利尊氏（初代将軍）の時代

　室町幕府の**初代将軍**は**足利尊氏**です。足利尊氏は，④**建武式目**を制定（1336年）します。この建武式目については，いろいろと盲点があります。まず，建武という名前がついていますが，**室町幕府の基本法典**であるということです。☞建武の新政で出された法律ではないという内容が，過去のセンター試験で本当に何回も出されています。

　次に，建武式目が制定されても，**御成敗式目（貞永式目）**は廃止されなかったということです。つまり，室町時代は御成敗式目と建武式目の両方が使われた時代ということになるわけです。

　足利尊氏は，当初，弟の**足利直義**と二人三脚で政治をやっていたのですが，徐々に対立していきます。この兄弟対立が引き金となっておこったのが，**観応の擾乱**（1350年）です。観応の擾乱の結果，弟の足利直義は殺害されてしまいます。

▶ 足利義満（3代将軍）の時代

　3代将軍は⑤**足利義満**です。足利尊氏の孫にあたります。足利義満は，室町幕府の政治体制を確立した将軍です。

　足利義満は，京都と吉野に2人天皇がいるという異常事態を解消しようとします。**南北朝の合体**です。南朝から北朝に天皇の位を譲るという形で，南朝側の面目を保ちながら，南北朝の合体を成功させます。

　次に，**有力守護大名の勢力を削減**させます。足利氏は莫大な領土を持つ武士ではなかったため，足利氏よりも勢力の上では強い守護がたくさんいました。それらの守護の勢力を，そいでいくわけです。**明徳の乱**（1391年）では**山名氏**の勢力を削減し，**応永の乱**（1399年）では**大内氏**の勢力を削減します。

　☞応永の乱は4代将軍足利義持の時代のできごとですが，実際に大内氏の勢力削減をおこなったのは足利義満だととらえておいてください。

室町幕府の中央組織

　さて，次は，表解板書には載っていない内容となります。3代将軍足利義満のころになると，室町幕府の基本組織が固まっていきます。

　中央には将軍の下に，将軍の補佐をおこなう**管領**がいます。管領は**細川・斯波・畠山**の三氏から選ばれ，これを**三管領**といいます。文英堂から出ている『日本史でるとこ攻略法』では，☞「三管領はほしばたけ」とゴロ合わせで覚えさせていました。これなど，どんどん利用しましょう。

　次に侍所ですが，**室町時代の侍所**は，京都市中の警備が主な役割でした。長官である**所司**は，**京極・山名・赤松・一色の四職**から選ばれます。それから，**政所・評定衆・引付衆**と，鎌倉幕府と同じ名称の役職がありました。

室町幕府の地方組織

　室町幕府の地方組織については，下のポイントをおさえておきましょう。

> **POINT**
>
> ［室町幕府の地方組織］
> ① 鎌倉府：関東の統制
> ② 九州探題：九州の統制
> ③ 奥州探題：陸奥国の統制
> ④ 羽州探題：出羽国の統制

　鎌倉府については，この後，政治史で重要になります。鎌倉府の統括は**鎌倉公方**です。鎌倉公方は足利尊氏の子である**足利基氏**の子孫が世襲します。そして，**鎌倉公方の補佐として関東管領**がおかれ，**上杉氏**が世襲します。この上杉氏はのちに鎌倉公方と対立することになりますが，それについては6代将軍義教のところで詳しく扱います。

室町幕府の経済基盤

　さきほどもいったように，室町幕府は鎌倉幕府のような莫大な領土は持っていませんでした。**御料所**という幕府の直轄領があり，ここを**奉公衆**という直轄軍が管理していましたが，非常に少なかったわけです。

次に室町幕府の税をまとめると，以下のようになります。

POINT

［室町幕府の税］
① 段銭・棟別銭：土地や家屋に課税する
② 土倉役・酒屋役：金融業者に課税する
③ 関銭・津料：陸上・水上交通の税
④ 抽分銭：日明貿易の利益に課税する
⑤ 分一銭：徳政令を発布する

この中でわかりづらいのは，**分一銭**でしょう。これは，幕府に分一銭という税を支払うと，徳政令(▷p.148)を出してもらうことができ，自らの債務，つまり借金がゼロになるという，非常に虫のよい税金です。

❷ 守護の権限強化

室町時代の特徴として，「守護が守護大名になっていった」ことをあげることができると思います。📄 **共通テスト演習問題⑲**にあるように，☞**守護がどうして勢力をのばしていくことができるようになったか**，その理由には守護の権限強化があります。

鎌倉時代の守護は，**大犯三カ条**(▷p.116)しか権限がなかったのですが，室町時代になると，以下の権限が追加されます。

POINT

［室町時代に追加された守護の権限］
① **刈田狼藉**の取り締まり権：不法に作物を刈り取った者への取り締まり
② **使節遵行**：判決の強制執行権
③ **半済**：年貢の半分を兵粮米とする
④ **守護請**：守護が年貢徴収を請け負う

この半済という権限は，**半済令**によって与えられた権限です。半済令とは，荘園などに課せられた年貢の半分を，武士に与える権限を守護に認めたものです。はじめは1年限りで，特定の地域だけでしたが，やがて永続的になり，全国を対象とするようになりました。

原始 ― 古墳 ― 飛鳥 ― 奈良 ― 平安 ― 鎌倉 ― 室町 ― 安土桃山 ― 江戸 ― 明治 ― 大正 ― 昭和 ― 平成

このように，多くの権限を与えられた守護は，守護大名へと発展していくわけです。

▶ 足利義教（6代将軍）の時代

6代将軍⑥**足利義教**は，非常に専制的な政治をおこないます。当時，幕府に反抗的であった**鎌倉公方**の**足利持氏**を攻め滅ぼします。これを**永享の乱**（1438年）といいます。また，将軍義教は，有力守護の弾圧もおこなっていきます。

この弾圧に反発した有力守護の1人**赤松満祐**は，とうとう**将軍義教を暗殺**してしまいます。これを**嘉吉の変**（1441年）といいます。嘉吉の変をきっかけに，将軍の権力はどんどん弱くなっていくのです。

▶ 一揆の時代

一方，6代将軍義教のときには，一揆も頻発しました。最初の一揆は，⑦**正長の徳政一揆**（1428年）です。これは，**近江**（滋賀県）**坂本**の**馬借**が中心になって徳政令（借金の帳消し）を求めた一揆ですが，鎮圧されてしまいます。次におこるのが，**播磨**（兵庫県）**の土一揆**（1429年）です。これは農民が侍の国外追放を求めておこした一揆ですが，これも鎮圧されてしまいます。

そして，嘉吉の変の直後におこるのが，**嘉吉の徳政一揆**です。この一揆では，将軍の代替わりなのだから徳政令を出してくれと訴えます。ここで，**幕府は徳政令を出してしまう**のです。ここからも，嘉吉の変をきっかけに幕府の権威が弱まっていったことを知ることができます。

▶ 足利義政（8代将軍）・義尚（9代将軍）の時代

15世紀半ばの8代将軍**足利義政**のころ，京都を焼け野原にしてしまうほどの大きな争乱がおこります。⑧**応仁の乱**（1467〜77年）です。応仁の乱は，**将軍家・畠山氏・斯波氏**，それぞれの後継者争いをきっかけとし，これに幕府の実権を握ろうとした**細川勝元**と**山名持豊**（**宗全**）が介入しておこった争乱です。この戦いをきっかけに，戦国時代に突入していくわけです。

守護大名が京都で戦いをくり返していたころ，**国人**とよばれる地方の領主たちは，自らの権利を守ろうとして，**国人一揆**を結成します。その代表的なものが，⑨**山城の国一揆**（1485年）です。山城（京都府）南部の国人たちが，当時，

内部争いをしていた**畠山氏を国外に退去**させて，8年間にわたる国人たちによる自治支配を実現した一揆です。

また，加賀（石川県）では**一向宗門徒**が守護の**富樫政親**をたおして，1世紀にわたる支配を実現させる⑩**加賀の一向一揆**もおきました。

最後に鎌倉では，**堀越公方**（新たに任じられた鎌倉公方）・**古河公方**（足利持氏の子**成氏**による鎌倉公方）と**鎌倉公方**が二手に分かれ，また関東管領も**山内上杉**・**扇谷上杉**と二手に分かれ，混迷の時代を迎えていきます（▷p.163）。

	将 軍 家	斯 波 氏	畠 山 氏	幕府内部
東軍	┌ 義視	義敏	□ ─ 政長	細川勝元
西軍	└ （義政） ‖ ─ 義尚 日野富子	（義健） 義廉	（持国） 義就	山名持豊 （宗全）

▲ 応仁の乱関係図（開戦当初）
　開戦後に東軍が義政・義尚・日野富子を擁立すると，1468年11月には西軍も義視を引き入れ，開戦前の結びつきは入れ替わった。

共通テスト演習問題 19

問題

　鎌倉時代における守護の権限は，原則として ア に限定されていたが，ⓐ南北朝の動乱を通して守護の権限は拡大していき，室町幕府は イ も守護の権限に加えた。こうして，ⓑ権限を大きく拡大した守護は，国人を家臣化して守護領国を形成した。

問1　空欄 ア イ に入る語句の組合せとして正しいものを，次の①～④のうちから一つ選べ。

① ア　新恩給与　イ　使節遵行　　② ア　大犯三カ条　イ　使節遵行

③ ア　新恩給与　イ　徳政　　　　④ ア　大犯三カ条　イ　徳政

問2　下線部ⓐについて説明した文として正しいものを，次の①～④のうちから一つ選べ。

① この動乱の時代，武家社会では，分割相続が一般化した。

② この動乱の時代，盛んに荘園が寄進され，荘園公領制が成立した。

③ 足利義満は，雑訴決断所を設置し，激増した訴訟に対処した。

④ 足利義満は，南北朝の合体を実現し，この動乱を終息させた。

問3　下線部ⓑに関連して，室町時代の守護の権限や国人との関係について説明した文として**誤っているもの**を，次の①～④のうちから一つ選べ。

① 守護が吸収した権限の中には，それまで諸国の国衙が持っていた機能も含まれている。

② 守護は，守護請によって，荘園や公領における年貢の徴収も請け負うようになった。

③ 国人は，次第に地縁よりも血縁で結合し，惣領を通して守護に組織されるようになった。

④ 国人の中には，国人一揆を結成して，守護の支配に抵抗する者もあった。

解説

問1 空欄 **ア** は，選択肢を見ると，「新恩給与」か「大犯三カ条」になります。新恩給与は将軍が御家人に給付したものなので，守護の権限ではなく，自動的に大犯三カ条になります。

空欄 **イ** は「使節遵行」か「徳政」ですが，このうち，守護の権限のところで見たことがあるのは使節遵行ですね。

よって，正解は②となります。教科書の基本用語の意味の理解を問う問題でした。

解答 ②

問2 ①の分割相続は，鎌倉時代の後期以降，単独相続に変わっていくため誤り。②の荘園公領制の成立は，平安時代のため誤り。③の雑訴決断所は建武政権の機関なので，足利義満とは無関係のため誤り。④の足利義満が「南北朝の合体を実現」，この事実を知っているかどうかを確認するだけの，本当に基本的な問題です。

解答 ④

問3 ③の「血縁で結合」「惣領を通して」組織されるといった内容は，鎌倉時代の惣領と庶子の関係であって，室町時代の国人とは無関係。この問題も，鎌倉時代の惣領制の内容を理解していれば，容易に解くことができます。

解答 ③

16 室町時代の外交と社会

本字叢號

016-A 室町時代の外交

将軍	中国	朝鮮
	前期**倭寇**が，壱岐・対馬・肥前松浦を拠点に活動	
3代 **足利** **義満**	■①**明**の建国 朱元璋が建国	■②**朝鮮**の建国 李成桂が高麗を滅ぼす
4代 **足利** **義持**	■国交樹立 **朝貢形式**であった ■**勘合貿易**の開始 { 輸出品：銅・硫黄・刀剣 { 輸入品：銅銭・生糸・絹織物	■貿易の開始 ●**対馬の宗氏**が統制 ●**三浦**と漢城の**倭館**で交易 ↳富山浦・乃而浦・塩浦 { 輸出品：銅・硫黄・蘇木・香木 { 輸入品：大蔵経・**木綿**
6代 **足利** **義教**	■貿易の中断 将軍が**朝貢形式**に不満 ■貿易の再開 貿易の利益に注目したため	■**応永の外寇** ●**朝鮮**が**対馬**を襲撃 →貿易が中断 **琉球王国**：尚巴志が建国 都は首里，那覇は外港
	■貿易の実権が守護大名に移る ●**大内氏**：博多商人と結ぶ ●**細川氏**：堺商人と結ぶ ■**寧波の乱** ●大内氏と細川氏の衝突 →**大内氏が貿易を独占** ■大内氏の滅亡 →勘合貿易は断絶	■貿易の再開 ■**三浦の乱** ●日本人居留民の暴動 →日朝貿易は衰退 アイヌの蜂起 大首長**コシャマイン** →**蠣崎氏**が制圧
	後期倭寇が活動	

016-B 室町時代の産業・経済

産業	商業
■**二毛作**が各地に普及 **三毛作**(米・麦・そば)も開始 ■**早稲・中稲・晩稲**:品種改良 ■**下肥**も肥料として普及 ■商品作物:苧・桑・漆・茶 ■**入浜塩田**による製塩	■**六斎市**:月に6回開かれる定期市 ■**見世棚**(常設の小売店舗)の増加 ■**行商人**:連雀商人・振売など ■**大原女**:炭や薪を売る 　**桂女**:鮎を売る 　運送業:**馬借・車借**・廻船 ■**問屋**が仲買をおこなった ■同業者組合である**座**が増加した

惣村の形成	貨幣
■**惣(惣村)**:農民の自治的な集落 ●**おとな・沙汰人**:惣村の指導者 　**惣百姓**:惣(惣村)の構成員 ●**寄合**:惣(惣村)内の会議 　**惣掟**:村民が自ら守るべき規約 ●**地下検断**:村民が警察権を行使 ●**地下請**:年貢を村で請け負う 　**宮座**:惣村の神社の祭礼 ●**地侍**:惣百姓で守護の家臣	③**明銭**:明から輸入された貨幣 　**洪武通宝**・④**永楽通宝**(永楽通宝 　は標準貨幣)・**宣徳通宝** 　**代銭納**:年貢を貨幣で納める ■⑤**撰銭**:悪銭(**私鋳銭**・びた銭)を 　　　　　嫌うこと ■**撰銭令**:撰銭を制限する法律 ●貨幣の交換比率を定めた ■**土倉・酒屋**が高利貸をおこなう

[主な特産品]

●絹織物:加賀・丹後・常陸
●紙:美濃紙(美濃),杉原紙(播磨),鳥の子紙(越前)
●陶磁器:美濃・尾張
●酒造業:河内・大和・摂津
●その他:刀剣(備前),鍬(出雲),鍋(河内),釜(能登・筑前)

これだけ!ワード(共通テストの用語選択で出る語句)────→ ①小田原

これだけ!プチ(共通テスト重要語句)────→ 塵芥集

これだけ!フレーズ(共通テスト正誤判断のカギとなるフレーズ)──→ 北条氏

☞ひとこと!アドバイス(得点アップのワンポイント)────→ ☞分国法

> 📢 **室町時代は外交史がポイント！**
>
> 　室町時代は，中国・朝鮮とも積極的に交易をおこなっていた時代のため，外交史が非常によく出題されます。ここでは，中国と朝鮮を対比しながら，時期別に特徴を見ていきましょう。

▶ 元との貿易

　鎌倉時代末期から**室町時代初頭**にかけて，日本と**元**（げん）との間の貿易がたびたびおこなわれていました。とくに，☞寺院の造営や修復のための貿易船が有名です。

POINT

［元に派遣された船］

① **建長寺船**（けんちょうじせん）：北条高時（たかとき）が派遣

② **天龍寺船**（てんりゅうじせん）：足利尊氏（あしかがたかうじ）が夢窓疎石（むそうそせき）のすすめで派遣
　　　　　　　（後醍醐天皇（ごだいご）の冥福（めいふく）を祈る）

　建長寺船は鎌倉時代末期，**天龍寺船**は室町時代初頭です。なお，建長寺船も天龍寺船もいずれも**元**に派遣された貿易船です。☞室町時代の中国というと，明（みん）を連想しがちなので，盲点となります。注意してください。

▶ 明と朝鮮の建国

　鎌倉時代末期から室町時代初頭にかけて，中国や朝鮮の沿岸では，**倭寇**（わこう）とよばれる**海賊**（かいぞく）が活発に活動をおこなっていました。ちょうど中国では**元**の衰退期，朝鮮でも**高麗**（こうらい）の衰退期にあたっていましたから，海賊も野放し状態だったわけです。

　さて，元も高麗も室町時代初頭に滅び，中国では①**明**（みん）が建国（1368年）され，朝鮮では②**朝鮮**が建国（1392年）されます。

明との国交樹立

　足利義満は，室町時代はじめの1401年，明に祖阿と肥富という使者を派遣して国交を開きます。☞国交を開いた当時の将軍は4代足利義持ですが，実際に国交を開いた人は義満ですので，勘違いしないようにしてください。

　ただし，明と国交を開く条件として，朝貢形式をとらなければいけませんでした。朝貢とは，従属国が貢ぎ物を持った使者を相手の国に派遣することです。この結果，日本は明に従属するという形になるわけです。

　また，日本の船は貿易の際に，勘合とよばれる証明書を持参しなければいけませんでした。そのため，日明貿易のことを勘合貿易ともいいます。

明との貿易の進展

　4代将軍足利義持は朝貢形式に不満を持っていたため，明との貿易を中断してしまいます。しかし，6代将軍足利義教になると，貿易の利益に注目して貿易を再開します。

　その後，室町幕府の衰退にともない，貿易の実権は幕府から有力守護大名に移っていきます。博多商人と結んだ大内氏と，堺商人と結んだ細川氏です。大内氏と細川氏は，貿易の権利をめぐって対立し，1523年には中国の寧波で衝突をおこします。これを寧波の乱といいます。

　寧波の乱に勝利した大内氏は貿易を独占しますが，16世紀半ばに大内氏は滅亡し，勘合貿易も断絶してしまいます。

朝鮮との貿易

　朝鮮との貿易は対馬の宗氏が仲介役になります。貿易のために朝鮮は富山浦，乃而浦，塩浦という3つの港（これを三浦といいます）を開き，三浦と漢城におかれた倭館で貿易をおこないました。右の地図で場所を確認しておきましょう。

　朝鮮との貿易では，木綿

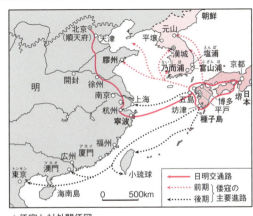

▲倭寇と対外関係図

が輸入されます。実は，木綿は室町時代になってから日本でつくられるようになるんです。それ以前は日本に木綿がなかったので，☞室町時代より前の時代で「木綿」という用語が登場したら，その選択肢は無条件で「×」となります。注意しましょう。

　しかし，朝鮮半島における倭寇の活動は，貿易がはじまった後も引き続き活発でした。そこで，朝鮮は倭寇の本拠地と考えていた対馬を襲撃します。応永の外寇（1419年）です。応永の外寇の結果，日本と朝鮮との貿易は一時中断します。

　その後，貿易は再開されますが，16世紀になると，三浦に住む日本人が三浦の乱をおこし，それをきっかけとして日朝貿易は衰退しました。

❷ 琉球・蝦夷地との交易

　15世紀半ばころ，沖縄では，尚巴志によって琉球王国が建国されます。琉球王国は，第三国から購入した商品を別の国に販売する中継貿易で栄えていました。中継貿易とは，例えば東南アジアで買った品物をそのまま日本に販売するといった形です。

　また，畿内と津軽（青森県）を結ぶ日本海交易が盛んになり，北海道に住むアイヌとの交易も盛んにおこなわれるようになります。交易が盛んになるにつれて，和人（本州系日本人）とアイヌとの衝突もおきます。1457年には，アイヌの大首長コシャマインを中心にアイヌの人々が蜂起しますが，蠣崎氏によって制圧されてしまいました。

016-B 室町時代の産業・経済

室町時代の産業

　室町時代の産業・経済については，☞第13講の鎌倉時代の産業・経済との対比でおさえておきましょう。ここでも，対比しながらいきます。

　室町時代になると，鎌倉時代には**西日本**を中心に普及していた**二毛作**（にもうさく）が東日本にも普及していきます。また，地域によっては，二毛作以外に**三毛作**（さんもうさく）もはじまります。**早稲**（わせ）・**中稲**（なかて）・**晩稲**（おくて）といった稲の品種改良や，肥料として**下肥**（しもごえ）も一般化されていきます。

　主な特産品については，153ページに代表例が記してあります。これを覚えるのではなく，☞「こういうものが室町時代につくられていたのだ」ということを認識できるようにしておけば大丈夫です。

室町時代の商業

　鎌倉時代の**定期市**（ていきいち）は，月3回の**三斎市**（さんさいいち）がメインでしたが，**室町時代**になると，月に6回開かれる**六斎市**（ろくさいいち）が一般化します。また，常設の小売店舗である**見世棚**（みせだな）が一般化するのも，室町時代です。**連雀商人**（れんじゃく）や**振売**（ふりうり）などの**行商人**（ぎょうしょうにん）や，女性の商人である**大原女**（おはらめ）や**桂女**（かつらめ）なども現れます。

　運送業では，馬に荷物を運ばせる**馬借**（ばしゃく）や，車を牛に引かせる**車借**（しゃしゃく），船で荷物を運ぶ**廻船**（かいせん）などが現れます。また，交通の要地には，仲買商である**問屋**（といや）がおかれるようになります。

　さらに，室町時代になると，**同業者組合である座**（ざ）が増加していきます。座のメンバーである**座衆**（ざしゅ）は，**座役**（ざやく）とよばれる営業税を**本所**（ほんじょ）に支払い，本所から独占販売権や関銭（せきせん）の免除といった特権をもらうわけです。座の代表的なものとしては，石清水八幡宮（いわしみずはちまんぐう）を本所とする**大山崎油座**（おおやまざきあぶらざ），北野神社を本所とする**麹座**（こうじざ），祇園社（ぎおんしゃ）を本所とする**綿座**（わたざ）があります。共通テストでは，☞「これらが室町時代の座だな」と識別できる程度で十分です。

室町時代の貨幣・金融

　室町時代は，**宋銭**（そうせん）・**元銭**（げんせん）以外に，明から輸入された③**明銭**（みんせん）が普及します。

明銭には，**洪武通宝**・④**永楽通宝**・**宣徳通宝**などがあります。

　このように貨幣経済が進展するにしたがい，**私鋳銭**(民間で鋳造された貨幣)やび**た銭**といった悪銭も多くなっていきます。悪銭のような品質の悪いお金は誰もが嫌なわけですから，ここで悪銭を嫌う⑤**撰銭**という行為がおこなわれるようになります。**悪銭の受け取りを拒否するわけですが，そうなると，お金の受け取りの際にトラブルがおこってくるわけです。そこで，撰銭令**が出されます。**撰銭令とは撰銭を制限する法律です。☝これは撰銭を推奨する法律ではありません**ので，誤解しないでください。

　貨幣経済の進展は，金融業者を多様化させていきます。鎌倉時代の金融業者は**借上**でしたが，室町時代になると，**土倉**・**酒屋**などが金融業を営むようになります。また，寺院も**祠堂銭**などを貸し付けするようになっていきます。共通テストでは，☝<u>鎌倉時代の金融業者との比較でねらわれやすい</u>です。注意しましょう。

❯ 惣（惣村）の形成

　惣（惣村）とは，**農民が自治をおこなう集落**のことです。自治をおこなうためには，指導者が必要です。指導者となる農民のことを**おとな**・**沙汰人**といい，惣を構成する農民を**惣百姓**といいました。惣では**寄合**という会議が開かれ，**惣掟**といった規約が定められます。そして，村民が自ら警察権を行使する**地下検断**や，年貢を惣村単位で請け負う**地下請**などもおこなわれます。

　また，**地侍**といって，自らの村を守るために守護の家臣となる農民も現れます。

📋 共通テスト演習問題 ⑳

問題

　13世紀以降，畿内およびその周辺の農村は，ⓐ<u>地縁的・自治的組織である惣村</u>が形成された。惣村は，おとなとよばれる代表者の主導のもとに，従来の荘園の領域にとらわれない地域間交流が促された。

　当時，中国から大量に輸入された銭貨が，商品との交換手段として用いられるようになり，ⓑ<u>人々の生活に貨幣が浸透していった</u>。

問1 下線部⑧について述べた文として**誤っているもの**を，次の①〜④のうちから一つ選べ。

① 祭礼などの年中行事，用水や山林の管理について合議した。

② ここで行われる話し合いは寄合とよばれた。

③ 惣村内で責任を持って年貢を徴収する地下検断がおこなわれた。

④ 惣村内の秩序を維持するための規約が定められた。

問2 下線部⑥に関連して，室町時代の貨幣経済について述べた文として正しいものを，次の①〜④のうちから一つ選べ。

① 室町時代には粗悪な私鋳銭がつくられた。

② 農民は分一銭の納入によって，室町幕府から年貢の一部を免除された。

③ 室町幕府が商人に賦課した営業税が棟別銭である。

④ 室町幕府は，国内での貨幣鋳造をめざして銅の輸出を禁じた。

解説

問1 ①・②は寄合の説明文，④は惣掟の説明文です。③の惣村の年貢請負は地下請といいます。地下検断は惣村による警察権の行使ですから，誤りです。

解答 ③

問2 ②の分一銭は，徳政令を発するための条件として納入させる銭のことで，年貢の免除とは無関係。③の棟別銭は家屋に課せられた税のことなので，誤り。④の銅は室町時代の主要な輸出品のため，誤り。よって正解は①です。私鋳銭がつくられたため，撰銭がおこなわれていました。

解答 ①

17 戦国大名と室町文化

017-A **戦国大名**

国名	大名	城下町	内容	分国法
陸奥 むつ	伊達氏 だて		国人の出身 こくじん	塵芥集 じんかいしゅう
伊豆 いず 相模 さがみ	北条氏 北条早雲 そううん	小田原 おだわら	●堀越公方を滅ぼす ほりごえくぼう ●古河公方を滅ぼす こがくぼう ●上杉氏を追放	早雲寺殿廿一箇条 そううんじどのにじゅういっかじょう
駿河 するが	今川氏	府中 ふちゅう	守護出身 しゅご	今川仮名目録 いまがわかなもくろく
越後 えちご	上杉謙信 けんしん		家督を譲られる かとく （長尾景虎） ながおかげとら	
甲斐 かい 信濃 しなの	武田信玄 しんげん		●守護出身 ●川中島で戦った	甲州法度之次第 こうしゅうはっとのしだい
越前 えちぜん	朝倉氏 あさくら	一乗谷 いちじょうだに		朝倉孝景条々 あさくらたかかげじょうじょう
近江 おうみ	六角氏 ろっかく			六角氏式目
周防 すおう	大内義隆 おおうちよしたか	山口 やまぐち	●守護出身 ●陶晴賢が滅ぼす すえはるかた	大内氏掟書 おおうちしおきてがき
安芸 あき	毛利元就 もうりもとなり		安芸の国人出身	
阿波 あわ	三好氏 みよし			新加制式 しんかせいしき
土佐 とさ	長宗我部氏 ちょうそかべ		土佐の土豪出身 どごう	長宗我部氏掟書 ちょうそかべしおきてがき
豊後 ぶんご	大友氏	府内	守護出身	
肥後 ひご	相良氏 さがら			相良氏法度 さがらしはっと
薩摩 さつま	島津氏	鹿児島	守護出身	

017-B 室町文化

	北山文化	東山文化
建築	金閣（鹿苑寺）：足利義満の創建	銀閣（慈照寺）：足利義政の創建 東求堂同仁斎が営まれた
絵画	水墨画 ｛ 明兆（みんちょう） 如拙（じょせつ）：「瓢鮎図」 周文（しゅうぶん）	水墨画：①雪舟「四季山水図」 土佐派：大和絵の一派 狩野派：水墨画と大和絵の融合
芸能	■②猿楽能 ●観阿弥・世阿弥が大成させた ●③足利義満が保護した ●『風姿花伝』（世阿弥）：能の真髄 ●④大和猿楽四座 　観世・宝生・金春・金剛	金工：後藤祐乗 侘茶：村田珠光が創始 　　　武野紹鷗が継承 立花：池坊専慶 小歌：⑤『閑吟集』 舞踊：風流踊り・幸若舞
宗教	■臨済宗：五山・十刹の制 　　　京都五山・鎌倉五山 ●⑥南禅寺：別格上位 ●五山文学：義堂周信・絶海中津 ●五山版：漢詩文集などを出版	林下：幕府の保護を受けない 　　　一休宗純（大徳寺） 日蓮宗：日親 浄土真宗：蓮如 神道：唯一神道（吉田兼倶）
学問 文学	『増鏡』：公家の立場 ⑦『神皇正統記』：南朝の立場 『梅松論』：北朝の立場 『太平記』：南北朝の動乱を描く	『公事根源』（一条兼良） 『樵談治要』（一条兼良） 古今伝授：東常縁が宗祇に伝承 ⑧『庭訓往来』・『御成敗式目』
連歌	⑨二条良基（南北朝文化）： 　　『菟玖波集』『応安新式』	⑩宗祇（正風連歌）： 　　『新撰菟玖波集』 宗鑑（俳諧連歌）：『犬筑波集』

これだけ！ワード（共通テストの用語選択で出る語句）　——→　①小田原

これだけ！プチ（共通テスト重要語句）　——→　塵芥集

これだけ！フレーズ（共通テスト正誤判断のカギとなるフレーズ）—→　北条氏

🖐ひとこと！アドバイス（得点アップのワンポイント）　——→　🖐分国法

戦国大名

▶ 戦国大名の支配方式

　戦国時代は，応仁の乱がおこった**15世紀末**からはじまります。

　戦国大名の支配領域を，**分国**といいます。**分国法**という言葉がありますが，これは，**支配領域に適用される法律**という意味になります。分国法は，主に大名の家臣に関する規定で構成されました。家臣間の私闘を禁止する**喧嘩両成敗**や，勝手に国外の者と結婚することを禁止する規定などがありました。

　喧嘩両成敗というのは，喧嘩をしたら両方とも処罰されるという法律だと思っている人が多いと思いますが，あくまでも「家臣同士で勝手に争ってはいけない」という内容です。喧嘩をしたら両方とも処罰されるというのは，この規定を破った場合の制裁措置です。

　大名にはたくさんの家臣がいましたが，その家臣統制の方法として，**寄親・寄子制**が採用されました。ここでいう**寄親とは有力家臣**のことで，**寄子とは一般家臣**のことです。大名は，**寄親という有力家臣に寄子の管理を任せる**ことによって，たくさんの家臣を管理していったのです。

　さらに，**家臣の収入を銭に換算して，収入に応じた負担を家臣に負わせる****貫高**といった制度もありました。当時の収入は，今のように現金だけではなかったので，このような制度が必要だったわけです。

　また，家臣の土地を把握するために，**指出検地**といって，**家臣などの土地の面積や年貢量を自己申告させる**こともおこなわれました。

　戦国大名は，自らの**城下町**を非常に重要視しました。そのため，大名の中には，家臣に対して城下町に住むことを義務づける者もいました。また，**関所**

を撤廃したり，楽市（らくいち）という自由な商取引を認めることで，城下町を活性化させようとする大名もいました。

[戦国大名の支配方法]

① 分国：戦国大名の支配領域

② 喧嘩両成敗：家臣間の私闘の禁止

③ 寄親・寄子制：寄親に寄子の管理をまかせる

④ 貫高：家臣の収入を銭に換算

⑤ 指出検地：面積・年貢量を自己申告させる

⑥ 楽市：自由な商取引をおこなわせる

POINT

❯ 戦国大名の活躍① ── 東日本の大名

それでは，個々の戦国大名について見ていきましょう。東北の大名は，**伊達氏**（だて）です。伊達氏は**国人**から戦国大名にのしあがった人物で，**塵芥集**（じんかいしゅう）という分国法をつくりました。

次は，関東・甲信越です。関東では，室町時代には鎌倉公方（くぼう）と関東管領（かんれい）が力を持っていました。その関東で力を持つためには，鎌倉公方と関東管領をたおさなければいけません。それをおこなったのが，**小田原**（おだわら）(神奈川県)を拠点とした**北条氏**です。

北条氏の初代当主は**北条早雲**（そううん）で，鎌倉時代の北条氏と区別するため後北条氏ともよばれます。北条氏は，**堀越公方**（ほりごえくぼう）と**古河公方**（こがくぼう）を滅ぼし，関東管領の**上杉氏**を追放して，関東で勢力を持ちます。

追放された上杉氏のうち，山内上杉氏（やまのうち）は，**越後**（えちご）(新潟県)の**守護代**（しゅごだい）であった**長尾景虎（上杉謙信）**（ながおかげとら／けんしん）に家督（かとく）を譲ります。守護代とは，守護（しゅご）の代わりに国の管理をおこなう人のことです。

この上杉謙信のライバルとなるのが，**甲斐・信濃**（かい・しなの）(山梨県・長野県)の**戦国大名**だった**武田信玄**（しんげん）です。上杉と武田の戦いの中で，一番大きなものは**川中島の戦い**です。武田氏の分国法は**甲州法度之次第**（こうしゅうはっとのしだい）です。☜分国法については，分国法の名称に大名の名が含まれていないものがよく出ます。

最後に，**越前**（えちぜん）(福井県)の**朝倉氏**（あさくら）です。☜朝倉氏は，家臣の城下町への集住を義務づけた大名なので，城下町の**一乗谷**（いちじょうだに）(福井市)をおさえておきましょう。

❷ 戦国大名の活躍② —— 西日本の大名

　中国地方の戦国大名は**大内氏**です。大内氏は**山口**を城下町とします。大内氏といえば、室町時代の外交のところで、勘合貿易をおこなっていた守護大名として学習しましたね（▷p.155）。大内氏は、勘合貿易の利益などで莫大な富を得て、城下町山口で文化を発展させます。そのあたりについては、後半の室町文化のところでお話ししましょう。

　この大内氏は、**大内義隆**のときに、家臣である陶晴賢という人物にたおされます。しかし、この陶晴賢もまもなく、安芸（広島県）を拠点としていた**毛利元就**にたおされます。毛利元就は、もともと安芸の**国人**でしたが、戦国大名となり、**出雲**（島根県）の**尼子氏**などをたおして、中国地方をほとんど支配してしまいます。

　それから、四国は**長宗我部氏**、九州は**豊後**（大分県）の**大友氏**と、**薩摩**（鹿児島県）の**島津氏**となります。織田信長などの、安土桃山時代に活躍する戦国大名は、第18講でもう一度学ぶことになります。

❷ 都市の発展

　戦国時代には、商業の発展にともなって、さまざまな都市が発展していきました。まず、お寺や神社の門前には、**門前町**が形成されました。伊勢神宮の門前町である**宇治・山田**（三重県）、延暦寺の門前町である**坂本**（滋賀県）などが有名です。

　また、浄土真宗の寺院を中心として、**寺内町**が形成されました。浄土真宗の場合は寺内町、他の宗派の場合は門前町といいます。🖑**石山**（大阪府）・**山科**（京都府）・**吉崎**（福井県）・**富田林**（大阪府）といった地名を見て、寺内町であると識別できるようにしておきましょう。

　港町では、**堺**（大阪府）や**敦賀・小浜・三国**（すべて福井県）が有名です。また、海岸線の後退によって江戸時代に水没してしまった、港町の**草戸千軒町**（広島県）もおさえておいてください。

　都市としては、堺・博多・京都が有名です。**堺**は**会合衆**、**博多**は**年行司**、**京都**は**町衆**が運営をおこないました。とくに京都では、町衆の手により**祇園祭**が再興されました。

017-B 室町文化

❯ 時期把握でおさえる

　次は，室町文化です。室町時代は，非常に長い時代なので，文化については，4つの時期に分類します。

POINT

[室町文化]
① 南北朝文化：南北朝の対立のあった時代
② 北山文化：3代将軍 足利義満（よしみつ）を中心とする時代
③ 東山文化：8代将軍 足利義政（よしまさ）を中心とする時代
④ 戦国時代の文化：戦国時代

🔍 室町文化の図や絵はこれだけ！

⬅金閣（鹿苑寺）

「秋冬山水図」（冬）➡
（雪舟）

⬅銀閣
　（慈照寺）

「瓢鮎図」➡
（如拙）

共通テストでは，☜この４つの時期のうち，どの時期に属するかをわかっていないと解けない問題が多いですから，161ページの表解板書を見ながら，いつものように時期把握に重点をおいて学習していってください。

▶ 室町文化の建築

　北山文化が**金閣（鹿苑寺）**で，**東山文化**が**銀閣（慈照寺）**となります。金閣は，北山文化を代表する３代将軍**足利義満**が，銀閣は，東山文化を代表する８代将軍**足利義政**が創建しました。

　慈照寺の中には**東求堂同仁斎**という書斎が営まれていました。また，東山文化の特徴

▲東求堂同仁斎

としては，**枯山水の庭園**もあげることができます。**龍安寺**や**大徳寺大仙院**の庭園などが有名です。いずれも京都市にあります。

▶ 室町文化の絵画

　室町時代の絵画を代表するものが**水墨画**です。水墨画とはもともと臨済宗で坐禅を組む際に解いた公案に記された絵でした。そのため，**水墨画の画家も臨済宗の僧侶**ということになります。北山文化では，あのヒョウタンでナマズを捕まえるので有名な「**瓢鮎図**」（▷p.165）を描いた**如拙**を筆頭にして，**明兆・周文**などをあげることができます。東山文化で水墨画は大成します。大成者が①**雪舟**です。

　水墨画以外の絵画は，東山文化の時代以降に盛んになります。**大和絵の一派**である**土佐派**や，**水墨画と大和絵を融合させた狩野派**などがうまれてきます。

▶ 室町時代の芸能・芸術

　北山文化の時代の芸能といえば，②**猿楽能**です。猿楽能は，北山文化の中心人物③**足利義満**の保護を受けて発展していきます。猿楽能の代表となるのが，**観阿弥**と**世阿弥**の父子です。世阿弥は能の神髄である『**風姿花伝**』を著します。観阿弥・世阿弥が出ていたのが**観世座**です。

　それ以外にも，**宝生座・金春座・金剛座**などがあり，総称して④**大和猿楽四座**といいます。また，能の合間には**狂言**が演じられました。

東山文化になると，さまざまな芸術もうまれてきます。その代表が，**村田珠光**がはじめた**侘茶**です。村田珠光を受け継いだのが，**戦国時代**の**武野紹鷗**です。さらに武野紹鷗を受け継いだのが，**桃山時代**の**千利休**となります。

POINT

[侘茶]

村田珠光　　→　　武野紹鷗　　→　　千利休
（東山文化）　　（戦国時代）　　（桃山時代）

⑤『**閑吟集**』という**小歌**集がうまれるのもこのころです。『閑吟集』については，🖐平安時代末期の歌謡を集めた『**梁塵秘抄**』(▷p.100) と混同しないようにしましょう。あと，盆踊りの元祖となる**風流踊り**や，戦国武将などにもてはやされた**幸若舞**なども，室町時代です。

❯ 五山の発展

南北朝文化・北山文化のように室町幕府の権力が強かった時代には，室町幕府の保護した**臨済宗**が時代の中心となりました。臨済宗の寺院は，最上位の**五山**，五山に続く**十刹**，十刹に続く諸山と，序列をつけていました。五山は，京都にあった**京都五山**（天龍・相国・建仁・東福・万寿寺）と，鎌倉にあった**鎌倉五山**（建長・円覚・寿福・浄智・浄妙寺）があります。⑥**南禅寺**（京都府）は**別格上位**といって，京都五山よりも上にくる寺院と位置づけられました。

POINT

[五山]　すべて**臨済宗**の寺院

① **別格上位**：南禅寺
② **京都五山**：天龍寺・相国寺・建仁寺・
　　　　　　　東福寺・万寿寺
③ **鎌倉五山**：建長寺・円覚寺・寿福寺・
　　　　　　　浄智寺・浄妙寺

京都五山・鎌倉五山は，単なる宗教の中心ではなく，文化の担い手の中心にもなりました。さきほど説明した水墨画以外にも，漢文学を中心とした**五山文学**や，**五山版**とよばれる漢詩文集などの出版などもおこなわれました。五山文学の代表的な人物として，**義堂周信**や**絶海中津**などがいます。

◯ 五山以外の宗教

　東山文化の時代以降，室町幕府の権力が弱くなってくると，五山以外の宗派の力も強くなっていきます。**林下**とは，幕府の保護を受けない禅宗寺院のことで，**臨済宗**の**一休宗純**の所属した京都の**大徳寺**などが有名です。

　また，一向一揆をおこなったり寺内町を形成したりした**浄土真宗**が力を持つのも，この時期です。その中心人物は本願寺の**蓮如**です。蓮如は**講**という集団を形成し，**御文**とよばれる浄土真宗の教えをわかりやすく説いた文章を用いて，急速に信者を増やしていきました。

　神道は，鎌倉時代には**度会家行**が伊勢神道（▷p.135）を大成しましたが，室町時代になると，**吉田兼倶**の**唯一神道**が有名です。

POINT

```
[神道]
① 鎌倉時代：度会家行が伊勢神道を広める
② 室町時代：吉田兼倶が唯一神道を広める
```

◯ 室町時代の歴史書・文学

　文学については，南北朝時代の歴史書や軍記物からいきましょう。南北朝時代は，南朝と北朝に分かれて対立していた時代なので，南朝の立場，北朝の立場に立った歴史書・軍記物がつくられます。

　まず，**北畠親房**の⑦『**神皇正統記**』は，南朝の立場で書かれた歴史書です。一方，北朝側の武家の立場から書かれた軍記物は『**梅松論**』です。それ以外には，公家の立場から記された『**増鏡**』や，南北朝の動乱を描いた『**太平記**』などが有名です。このように，☞文学作品については，記されている内容を理解するように心がけてください。

　東山文化になると，**一条兼良**という人物が，さまざまな著作を残します。代表的なものとして，有職故実の書である『**公事根源**』や，9代将軍**足利義尚**への政治意見書である『**樵談治要**』があります。

　また，『**古今和歌集**』の解釈を師匠から弟子に口頭で伝える**古今伝授**がおこなわれました。藤原為家の説を東常縁から宗祇に伝えた二条宗祇流が，古今伝授の代表的なものです。

❯ 室町時代の学問

　学問については，室町時代の最初のころは，**五山**を中心として高度な学問が展開されていました。それが，東山文化の時代以降になると，五山以外のさまざまな文化がうまれてきます。教育機関としては，**関東管領上杉憲実**の再興した**足利学校**がその代表です。☞足利学校については，鎌倉時代の金沢文庫（▷p.138）と混同させる問題が頻出なので，注意しましょう。

POINT

[教育機関]
① 鎌倉時代：金沢実時が開いた金沢文庫
② 室町時代：上杉憲実が再興した足利学校

　また，⑧『**庭訓往来**』や『**御成敗式目**』が**教科書**として用いられたり，『**節用集**』という辞書もつくられました。

　戦国時代になると，学問が地方に広がっていきます。大内氏の城下町である**山口**や，**桂庵玄樹**が**薩南学派**を開いた**薩摩**や，**海南学派**が開かれたとされる**土佐**などをおさえておくとよいでしょう。

❯ 室町時代の連歌

　連歌は，南北朝時代・北山文化と東山文化・戦国時代に分けておさえておきましょう。南北朝時代・北山文化で活躍したのは，⑨**二条良基**です。彼は，連歌の基礎を確立した人物で，『**菟玖波集**』という**連歌集**を編集し，『**応安新式**』という**連歌の規則書**などを著しました。

　東山文化になると，⑩**宗祇**が『**新撰菟玖波集**』を編集し，俳諧連歌を得意とした**宗鑑**は『**犬筑波集**』を編集します。

問題

　明との国交を開いた足利義満のもとで，禅僧は幕府の外交の顧問として活躍し，禅宗と幕府の関係はさらに密接になった。このような幕府との関係を背景に，⒜禅宗はさらに興隆し，室町文化にも大きな影響をおよぼした。また，⒝戦国時代になると，文化の地方波及によって禅宗は各地に広まっていくこととなった。

問1　下線部⒜について述べた文として**誤っているもの**を，次の①〜④のうちから一つ選べ。
　①　『瓢鮎図』は，禅宗の思想を表現した水墨画である。
　②　鹿苑寺金閣は，寝殿造と禅宗様を折衷している。
　③　禅僧の間で流行した漢詩文が『菟玖波集』にまとめられた。
　④　大徳寺大仙院庭園は，枯山水の様式でつくられている。

問2　下線部⒝に関連して，戦国大名の領国支配に関して述べた次の文X・Yについて，その正誤の組合せとして正しいものを，下の①〜④のうちから一つ選べ。

　X　治水や灌漑施設の整備を行った。
　Y　役人を現地に派遣し，田畑の面積を測量する指出検地を行った。

　①　X—正　　　Y—正
　②　X—正　　　Y—誤
　③　X—誤　　　Y—正
　④　X—誤　　　Y—誤

解説

問1 共通テストの場合は，タイトルを覚えるのではなく，それぞれの作品がどのジャンルに属するどのような内容であるのか，ということを理解することが必要です。裏を返すと，作品のタイトルだけを知っていて，内容を全くわかっていないというような，丸暗記の学習では対応できないということです。③の『菟玖波集』は連歌集です。禅宗とは無関係なので✕となります。

解答 ③

問2 X 武田信玄の信玄堤をはじめとして，戦国大名は自らの領国を発展させるため，治水事業や灌漑事業などをおこないました。

　　　 Y 戦国大名は指出検地をおこないました。ただし，この指出検地というのは，年貢量を自己申告する形でした。検地役人を派遣して田畑の面積を測定するようになるのは，安土桃山時代の太閤検地になってからのことです（▷p.178）。

解答 ②

安土桃山時代

江戸時代

18 安土桃山時代

018-A ヨーロッパ人の来航

日本	対外関係	キリスト教
■鉄砲の国内生産 **堺**(和泉)・**根来**(紀伊)・**国友**(近江) ■**南蛮貿易** 〈輸出品〉 ①**銀・刀剣**・海産物 〈輸入品〉 絹織物・鉄砲・火薬	■1543年：種子島に**鉄砲**が伝来 ■**キリシタン大名**誕生 **大友義鎮**・有馬晴信・大村純忠・黒田孝高(如水)・高山右近・小西行長 ■スペイン(イスパニア)人の来航	■キリスト教の伝来 ●**フランシスコ＝ザビエル**(1549年) ●ガスパル＝ヴィレラ ●**ルイス＝フロイス** ■**天正遣欧使節** ●**ヴァリニャーニ**のすすめで派遣(1582年)

018-B 織田信長の統一過程

政治	戦乱
■信長の入京(**足利義昭**を将軍に) ■**延暦寺**を焼打ち ■②**足利義昭**を京都から追放 ●1573年：室町幕府が滅亡 ■**伊勢長島の一向一揆**を平定 ■**越前の一向一揆**を平定 ■**指出検地**をおこなった ■③**安土城**が築城された ■安土で**楽市令**が出された ■**石山本願寺**を屈服させた	■**桶狭間の戦い**(**今川義元**をたおす) ■稲葉山城の戦い(斎藤氏を滅ぼす) ■1570年：**姉川の戦い** ●**浅井氏**(北近江)・**朝倉氏**(越前)を破る ■1575年：**長篠合戦** ●**武田勝頼**の軍に圧勝した ●④**鉄砲隊**(足軽で構成)が活躍 ■**天目山の戦い**(武田氏を滅ぼす) ■1582年：**本能寺の変** **明智光秀**に攻められ，信長自害

018-C 豊臣秀吉の全国統一

政治	戦乱
■1582年：⑤**太閤検地**（たいこうけんち）の開始 検地役人を派遣・**石高制**（こくだかせい）の採用・ 京枡（きょうます）の使用・**一地一作人の原則**（いっち いっさくにん）	■1582年：**山崎の合戦**（やまざき） （明智光秀を破る）
■1583年：**大坂城**の築城開始 **石山本願寺の跡地**（あとち）に築城	■**賤ヶ岳の戦い**（しずがたけ）（柴田勝家（しばたかついえ）を破る）
■1585年：秀吉が⑥**関白**（かんぱく）に就任	■1584年：**小牧**（こまき）・**長久手**（ながくて）**の戦い**
■1586年：秀吉が**太政大臣**（だいじょうだいじん）に就任 秀吉に豊臣（とよとみ）の姓が与えられた	■四国平定（長宗我部元親（ちょうそかべもとちか）を服属）
■1587年：**バテレン追放令** └→宣教師の国外追放（じゅらくてい）	■**惣無事令**（そうぶじれい）：諸大名に停戦を命じる
■聚楽第に後陽成天皇（ごようぜい）を歓待する	■九州平定：島津義久（よしひさ）を服属
■1588年：⑦**刀狩令** └→兵農分離	■1590年：**全国統一完成** ●**奥州平定**（おうしゅうへいてい）（伊達政宗（だてまさむね）らを服属）
■**海賊取締令**（かいぞくとりしまりれい）を出して倭寇を禁圧	●**小田原攻め**（おだわら）（北条氏政（うじまさ）をたおす）
■1591年：**人掃令**（ひとばらいれい）	●**文禄**（ぶんろく）・**慶長の役**（けいちょう）（えき）（朝鮮侵略） 名護屋（なごや）（肥前（ひぜん））に本陣
■1598年：秀吉死去	

018-D 桃山文化

建築	■**城郭建築**（じょうかく）（伏見城（ふしみじょう）・二条城） ●**天守閣**（てんしゅかく）・土塁（どるい）や堀で囲む・ **書院造**（しょいんづくり）・**欄間**（らんま）（透し彫（すかしぼり））	絵画	■⑧**濃絵**（だみえ）の**障壁画**（しょうへきが） ●**狩野永徳**（かのうえいとく）・**狩野山楽**（さんらく）・ **長谷川等伯**（とうはく）・**海北友松**（かいほうゆうしょう） ■南蛮屏風（なんばんびょうぶ）
茶道	**侘茶**（わびちゃ）⑨**千利休**（せんのりきゅう）が大成	印刷	■⑩**活字印刷術**（かつじいんさつじゅつ） ●慶長勅版（けいちょうちょくはん）（朝鮮） ●天草版（あまくさばん）（ヴァリニャーニ）
芸能	■阿国歌舞伎（おくにかぶき）（**出雲阿国**（いずものおくに）） ■**蛇皮線**（じゃびせん）（**琉球**（りゅうきゅう））が三味線（しゃみせん）に		

これだけ！ワード（共通テストの用語選択で出る語句）─────→ ①小田原

これだけ！プチ（共通テスト重要語句）─────→ 塵芥集（じんかいしゅう）

これだけ！フレーズ（共通テスト正誤判断のカギとなるフレーズ）─→ 北条氏

✋ひとこと！アドバイス（得点アップのワンポイント）─────→ ✋分国法

018-A ヨーロッパ人の来航

> 🔖 **織田信長か豊臣秀吉かを識別！**
> 安土桃山時代は大きく信長の時代と秀吉の時代の2つに分かれます。信長の時代のできごとか，秀吉の時代のできごとかを識別させる問題が多いので，対比を心がけて学びましょう。

❯ ヨーロッパ人の来航

まずは，信長が力を持つ前の段階のお話からです。**1543年，種子島（鹿児島県）にポルトガル人が漂着**します。確認されている中で，最初に日本へやってきた西洋人ということになります。ポルトガル人は，島主の種子島時堯を通じて，日本に**鉄砲**をもたらします。

当時，日本は戦国時代のまっただ中であったため，鉄砲はまもなく国内生産され，普及していきます。和泉（大阪府）の**堺**，紀伊（和歌山県）の**根来**，近江（滋賀県）の**国友**などで生産されました。

鉄砲伝来から6年後の1549年，鹿児島にスペイン（イスパニア）人の**フランシスコ＝ザビエル**がやってきます。ザビエルは，日本に**キリスト教**をもたらします。キリスト教をもたらしたポルトガル人やスペイン人のことを，**南蛮人**といいます。

南蛮人は日本にキリスト教をもたらすのと同時に，貿易による莫大な利益ももたらしたため，戦国大名の中には，貿易の利益を求めてキリスト教の洗礼を受ける者もいました。これをキリシタン大名**といいます。

キリシタン大名の中には，イタリア人の**ヴァリニャーニ**のすすめで，ヨーロッパに**天正遣欧使節**を派遣した**大友義鎮**などもいました。なお，ポルトガル人の**ルイス＝フロイス**は，当時の日本の様子を詳細に記した『**日本史**』を著しています。

南蛮人との貿易のことを**南蛮貿易**といいます。南蛮貿易の主な輸出品は①**銀**や**刀剣**で，輸入品は**絹織物**のほかに，戦国時代という時代背景を受けて**鉄砲**や**火薬**などがありました。

018-B　織田信長の統一過程

◉ 信長の入京

　織田信長は，尾張(愛知県)の大名です。尾張の信長が，京都に進出して天下統一を進めていくわけですが，そのために，最初におこなったのは，尾張に隣接している駿河・遠江(静岡県)の有力戦国大名である今川義元をたおすことです。信長は尾張の桶狭間の戦い(1560年)で，今川義元をたおします。隣接する有力大名をたおした信長は，「足利義昭を15代将軍に立てる」という口実で京都に入ります。

◉ 室町幕府の滅亡

　京都に入った信長は，さまざまな反発を受けます。尾張から出てきた一戦国大名が天下を取ろうとしているわけですから，当然のことといえます。そこで，信長は対抗する勢力を次々にたおしていきます。

　まず，姉川(滋賀県)の戦い(1570年)で近江(滋賀県)の浅井氏と越前(福井県)の朝倉氏をたおします。翌年，信長に反発していた宗教勢力である比叡山の延暦寺を焼打ちします。最後に，このころ信長に反発しはじめていた②足利義昭を京都から追放し，室町幕府を滅ぼしました(1573年)。こうして，対抗する勢力を一掃していったわけです。

◉ 信長の統一過程

　京都における対抗勢力を一掃した信長は，いよいよ全国統一に乗り出します。延暦寺を焼打ちした信長でしたが，延暦寺以外にも強力な宗教勢力がいました。それは一向宗です。信長は，伊勢長島(三重県)と越前(福井県)の一向一揆を平定し，最終的には一向宗の拠点であった石山本願寺(大阪市)を屈服させます。

　それと並行して信長は，当時もっとも力を持っていた戦国大名である武田氏をたおします。長篠合戦(愛知県・1575年)では，④鉄砲隊といって，足軽という下級兵士に鉄砲を持たせて集団で戦うという方法で，武田氏の軍勢に勝利します。

❯ 本能寺の変

その後，信長は**天目山**（山梨県）**の戦い**で武田勝頼（武田信玄の子）を滅ぼしました。そして，いよいよ天下統一の総仕上げに入ろうとした矢先，京都の**本能寺**で家臣の**明智光秀**に攻められ，自害します。これを**本能寺の変**（1582年）といいます。

❯ 信長の政策

信長の政策は，その後の🖐**豊臣秀吉**の政策とのちがいを識別させる問題でよく出題されます。まず，信長は**指出検地**をおこないました。これは，**年貢量**を自己申告させる検地でしたね。また，**堺**（大阪府）などの自由都市を征服し，重要な経済基盤としました。さらに，**安土**（滋賀県）を城下町とし，そこに壮麗な③**安土城**を建てます。城下町には**楽市令**を出し，自由な商業取引を認め，商業を発展させていきました。

> **POINT**
>
> ［天下統一までの過程］
> ① 信長は安土城を居城に天下統一をめざす
>   → 本能寺の変でたおれた
> ② 秀吉は信長の政策を引き継ぎ，1590年に天下を統一

018-C 豊臣秀吉の全国統一

❯ 信長から秀吉へ

本能寺の変の直後，**豊臣秀吉**は，**山崎**（京都府）**の合戦**（1582年）で，信長を自害させた明智光秀をたおします。そして，自らが支配した地域の検地をはじめました。これを⑤**太閤検地**といいます。

太閤検地は，従来の検地のような自己申告方式ではなく，**検地役人を派遣する統一的な土地調査**でした。このとき，土地の生産力を米の収穫量で表示する**石高制**を採用しました。石高制は，🖐家臣の収入を銭に換算する**貫高**（▷p.162）と勘違いしやすいので，区別しておきましょう。秀吉は年貢を納めるときに使

う枡の統一もおこないました。そのときの枡を京枡といいます。

　また，土地所有者を直接耕作者とする**一地一作人の原則**が採用されました。これにより，貴族や寺社などが荘園領主となる**荘園制度**が完全に崩壊することとなるわけです。

　土地の面積表示が**1段＝300歩**となったのもこのころです。律令体制の時代は1段＝360歩なので，混同しないようにしましょう。

　太閤検地を通じて，大名の石高が確定します。秀吉は，<u>大名に対して領地の石高に応じた軍役を負担</u>させ，大名の支配を確立していきます。

❯ 秀吉の権力の確立

　秀吉は，明智光秀をたおした翌1583年，**大坂城**の築城を開始します。大坂城は，信長が屈服させた**石山本願寺の跡地**に築城されます。☞<u>信長が屈服させた寺院の跡地に，信長ではなく秀吉が築城したわけです。</u>

　秀吉は，天皇の権威を借りて自らの権威を高めようとしました。秀吉は近衛家の養子になって，⑥**関白**（1585年）に就任します。その後，豊臣の名字を天皇から賜り，**太政大臣**（1586年）になりました。また，京都に**聚楽第**を建て，そこに**後陽成天皇**と全国の大名を招きます。そして，<u>天皇の見ている前で，全国の大名に対して，天皇と自分に対する忠誠を誓わせました。</u>

❯ 秀吉の対外政策

　九州平定の際，秀吉は宣教師の国外追放を命じた**バテレン追放令**（1587年）を出します。バテレンとは宣教師のことです。☞<u>バテレン追放令はキリスト教禁止の命令ではありません。江戸時代に出された禁教令と混同しないようにしてください。</u>しかし，<u>南蛮貿易は奨励したため，キリスト教が広まっていくことをおさえることはできませんでした。</u>

　また，秀吉は**海賊取締令**（1588年）を出して，**倭寇**の禁圧もおこないました。これも，南蛮貿易をスムーズにおこなうためです。

❯ 惣無事令と刀狩令

　秀吉は，**惣無事令**を出しました。惣無事令とは全国の大名に対して，<u>戦いをやめて，秀吉に領土の配分をまかせるように命じたものです。</u>これは☞<u>実質的に，全国の支配を秀吉がおこなうことを宣言した命令</u>です。

また，秀吉は一揆を防止するため，⑦**刀狩令**（1588年）を出し，農民から武器を取り上げて，**兵農分離**を進めました。さらに，武士が町人や農民になることを禁止した**人掃令**も出します。

一方，秀吉は，四国・九州と次々に平定を進めていきます。1590年，**伊達政宗**らを服属させ（**奥州平定**），北条氏政を滅ぼす**小田原**（神奈川県）**攻め**によって，**全国統一を完成**させます。

[豊臣秀吉の政策]
① 太閤検地：統一的な土地調査
② バテレン追放令：宣教師を国外追放
③ 刀狩令：農民から武器を取り上げる
④ 人掃令：武士が町民や農民になることを禁止

POINT

❯ 秀吉の朝鮮侵略

全国を統一した秀吉は，次のターゲットを中国大陸に定めます。当時の中国は，**明**という国でした。秀吉は明を攻めるために，**朝鮮**に対して入貢と明征服の先導役を果たすことを求めました。

しかし，朝鮮はこの要求を受け入れなかったので，秀吉は**朝鮮出兵**をおこないました。**文禄・慶長の役**（1592・1597年）といいます。最初の文禄の役では，肥前（佐賀県）の**名護屋**を拠点にして，釜山に上陸した日本軍が**漢城**（現在のソウル）などを占領します。加藤清正は，朝鮮半島北部の豆満江にまで軍を進めました。しかし，そこで朝鮮民衆の激しい抵抗にあいます。そして，慶長の役では，秀吉の死をきっかけに撤退します。

018-D　桃山文化

❯ 桃山文化の建築

桃山時代には，大名たちが壮麗な城郭を建築しました。城郭は，戦国時代の初期には，防衛上の理由から山の中に建築されました。しかし，**城下町の発展**

にともない，次第に平地に移っていきます。

　中央の本丸には**天守閣**がおかれ，周囲は郭といって土塁や堀で囲まれました。大名が居住する場所は，**書院造**の居館が営まれ，壁や襖には華麗な**障壁画**が描かれ，**欄間**には透し彫の彫刻がほどこされました。

▶ 桃山文化の絵画

　絵画では，金碧の彩色を持つ⑧**濃絵**の**障壁画**が描かれました。代表的な画家は，「**唐獅子図屛風**」の**狩野永徳**を筆頭に，**狩野山楽・長谷川等伯・海北友松**などです。とくに☞「**唐獅子図屛風**」は，絵を見て桃山時代の障壁画であると識別できるようにしましょう。

▶ 桃山文化の芸能・芸術

　桃山時代には，東山文化のころにうまれた**侘茶**が，⑨**千利休**によって大成されます。また，現在の歌舞伎のルーツである**阿国歌舞伎**が，**出雲阿国**によってはじめられました。さらに，**琉球**から**蛇皮線**が伝わり，これが後に三味線になっていきます。☞蛇皮線については，朝鮮や中国からではなく，琉球から伝来したという点に注意が必要です。

　そして，⑩**活字印刷術**が，ヨーロッパと**朝鮮**から伝わります。ヨーロッパからは，宣教師の**ヴァリニャーニ**が伝えました。

　最後に，朝鮮出兵によって，**朝鮮の陶工が日本に連行され**，**有田焼**（佐賀県）・**薩摩焼**（鹿児島県）・**萩焼**（山口県）・**平戸焼**（長崎県）などの**お国焼**がつくられたことをおさえておきましょう。

🔍 桃山文化の図や絵はこれだけ！

➕「唐獅子図屛風」（狩野永徳）

➕姫路城

問題

　土佐の戦国大名である長宗我部元親は，1585年に秀吉に服属する。これ以後，元親は秀吉から軍事的な負担を課されることになった。<u>ⓐ朝鮮出兵</u>への参加も命じられ，元親自身が文禄の役・慶長の役ともに朝鮮へ渡った。<u>ⓑ分国法の長宗我部氏掟書</u>には，軍役や京枡に関する条文などもあり，これらから元親の領国支配の方針を知ることができる。

問1　下線部ⓐに関して述べた文として正しいものを，次の①～④のうちから一つ選べ。

① この戦乱を，朝鮮側では壬辰・丁酉の倭乱とよんでいる。

② 日本軍は，慶長の役で漢城(現ソウル)を占領した。

③ 当時の中国王朝であった清は，朝鮮に援軍を派遣した。

④ 朝鮮水軍を率いる李成桂は，日本側の補給路を断った。

問2　下線部ⓑに関連して，戦国大名や織豊政権の法と政策について述べた文として**誤っているもの**を，次の①～④のうちから一つ選べ。

① 戦国大名の分国法には，喧嘩両成敗法の条文を含むものがあった。

② 領国支配の強化のために，検地を実施する戦国大名がいた。

③ 織田信長は，城下町の安土で商工業者の座の特権を廃止した。

④ 豊臣秀吉は，京枡の使用を禁止する政策をとった。

解説

問1

① 朝鮮出兵は壬辰(じんしん)・丁酉(ていゆう)の倭乱(わらん)とよばれているので，正しいです。

② 漢城(かんじょう)(現在のソウル)を占領したのは，文禄(ぶんろく)の役(えき)です。慶長(けいちょう)の役(えき)ではないので，誤りとなります。

③ これは習っていない内容ですね。こういう場合は保留にして，明らかに正しい選択肢を選ぶようにしましょう。

④ 李成桂(りせいけい)は朝鮮の建国者で，室町時代前期の人物です。ただ，そのことを

知らなくても，李成桂の部分がよくわからないということで，この選択肢も保留にしてもいいかもしれません。

解答 ①

問2 秀吉は太閤検地をおこなうことによって，全国統一の土地調査をしたわけです。その政策の1つとして，京枡という枡の統一もあったわけです。ですから，枡の使用を禁止することは，統一の土地調査という趣旨から外れてしまうこととなり，④が誤りがあるということがわかります。

解答 ④

目 共通テスト演習問題 23

問題

中世から近世初期の絵師に関して述べた次の文Ⅰ～Ⅲについて，古いものから年代順に正しく配列したものを，下の①～⑥のうちから一つ選べ。

Ⅰ　狩野永徳が，障壁画や屏風絵の制作で活躍した。

Ⅱ　土佐光信が，大和絵の分野で土佐派を確立した。

Ⅲ　周文が，禅の境地を表現した水墨画を描いた。

① Ⅰ―Ⅱ―Ⅲ　　② Ⅰ―Ⅲ―Ⅱ　　③ Ⅱ―Ⅰ―Ⅲ

④ Ⅱ―Ⅲ―Ⅰ　　⑤ Ⅲ―Ⅰ―Ⅱ　　⑥ Ⅲ―Ⅱ―Ⅰ

解説

少し難しい問題です。共通テストの場合，東大を受けるようなレベルの受験生が全員満点になってしまうと，試験を実施する意味がなくなってしまうので，全体の1割はこのような難しめの問題が出題されます。ただ，この問題も本書の内容だけでしっかり正解できます。

北山文化から東山文化にかけて，水墨画が発展しました。その後，大和絵が復活し，土佐派がうまれました。桃山文化になると，水墨画と大和絵を融合させた狩野派の狩野永徳が活躍するようになります。よって，Ⅲ→Ⅱ→Ⅰの順となります。

解答 ⑥

19 江戸幕府の成立

019-A 江戸幕府の成立

将軍	政治	戦乱
初代 ①徳川家康（いえやす）	■1603年：征夷大将軍（せいいたいしょうぐん）になる ■将軍職を辞して大御所（おおごしょ）になる	■1600年：関ヶ原の戦い（せきがはら） ↳石田三成ら西軍に勝利
2代 徳川秀忠（ひでただ）	■1615年：一国一城令（いっこくいちじょうれい） ■1615年：②武家諸法度（ぶけしょはっと） ■1615年：禁中並公家諸法度（きんちゅうならびにくげしょはっと）	■1614年：大坂冬の陣 ■1615年：③大坂夏の陣 ↳豊臣氏が滅亡した
3代 ④徳川家光（いえみつ）	■1635年：武家諸法度 ●500石（こく）以上の船の建造禁止 ●参勤交代（さんきんこうたい）の制度化	■1637年：島原（しまばら）の乱 ↳キリシタンによる一揆

019-B 幕藩体制

将軍 直属	譜代大名（ふだい）から選出 ■大老（たいろう）：臨時の最高職 ■⑤老中（ろうじゅう）：幕政を統括した ■若年寄（わかどしより）：老中の補佐 　　　旗本（はたもと）の監督 ■寺社奉行（じしゃぶぎょう）・京都所司代（しょしだい）・ 　大坂城代（じょうだい）	大名の 種類	〈1万石以上（まんごく）〉 ■親藩（しんぱん）：紀伊（きい）・水戸（みと）・尾張（おわり） ■譜代（ふだい）：関ヶ原の戦い以前 　　　から徳川氏の家臣 ■外様（とざま）：関ヶ原の戦い以降 　　　の徳川氏の家臣
老中 直属	旗本から選出 ■大目付（おおめつけ）：大名の監視 ■町奉行（まちぶぎょう）・勘定奉行（かんじょうぶぎょう）・ 　城代（じょうだい）・遠国奉行（おんごくぶぎょう）	三奉行	⑥寺社奉行（将軍直属）・ 町奉行・勘定奉行
		藩主	■家老・勘定奉行 ■藩士：大名につかえる
若年寄 直属	目付（めつけ）：旗本・御家人（ごけにん）の監視	藩士へ の俸禄	■地方知行制（じかたちぎょうせい）：領地支配権 ■俸禄制度（ほうろく）：蔵米（くらまい）を与える

019-C 朝廷・寺社の統制

朝廷統制	■禁裏御料 皇室領。最初は1万石 ■武家伝奏(朝幕間の連絡) ■紫衣事件(1629年) ●幕府の許可のない紫衣 ●勅許が無効となる ●大徳寺の沢庵を処罰 ●後水尾天皇が退位	寺社統制	■寺院法度で統制した ■本末制度 ●宗派ごとに寺院を組織 ■寺檀制度 ●寺院の檀徒となる ■寺請制度 ●寺院の檀徒証明書 ■宗門改帳 ●寺院の檀徒が記された
黄檗宗	開祖隠元隆琦(禅宗の一派)		

019-D 農民の統制

村の構成	■⑦村方三役:村役人 ●名主・組頭・百姓代 ■本百姓:検地帳に登録 ■水呑:小作をする農民	農民の税負担	■本途物成:本年貢 ■⑩小物成:山林副業に 　　　　　課税 ■国役:国単位で課税 ■伝馬役:街道沿いの村々
村の運営	■村法(村掟):村の統制法令 ■⑧村請制 ●村単位で年貢を請け負う ■⑨五人組 ●連帯責任制度 ■入会地:共同利用地 ■結(もやい):相互扶助 ■村八分:制裁措置	農民の統制法令	■1643年: 田畑永代売買の禁止令 ■田畑勝手作りの禁 ■1673年:分地制限令 ●分割相続の制限

これだけ!ワード (共通テストの用語選択で出る語句) ──▶ ①小田原

これだけ!プチ (共通テスト重要語句) ──────▶ 塵芥集

これだけ!フレーズ (共通テスト正誤判断のカギとなるフレーズ)──▶ 北条氏

🖐ひとこと!アドバイス (得点アップのワンポイント) ────▶ 🖐分国法

> 🔊 **江戸時代前期は3つの時期で把握!**
>
> 　今日から江戸時代です。江戸時代は約260年もある長い時代ですから、さまざまな時期に分かれています。そのあたりが識別できているかどうかが、共通テストでねらわれるところです。
> 　17世紀の江戸前期は、初代将軍徳川家康（いえやす）の時代、2代秀忠（ひでただ）の時代、3代家光（いえみつ）の時代と、3つの時期に分けることができます。

徳川家康の時代

　初代将軍①徳川家康は、豊臣秀吉（とよとみひでよし）の死後、豊臣家を無視して政治の実権を握ります。これに反発した**石田三成**らが、美濃（みの）（岐阜県）で家康と戦うわけです。これを<u>**関ヶ原の戦い**（せきがはら）（1600年）</u>といいます。<u>関ヶ原の戦いでは、家康側が勝利</u>します。

　家康は、関ヶ原の戦いの後、全国に通用する貨幣として**慶長小判**（けいちょうこばん）を鋳造（ちゅうぞう）させました。また、1603年、家康は**征夷大将軍**（せいいたいしょうぐん）に就任し、江戸幕府を開きます。

　しかし、家康は将軍就任後、わずか2年ほどで将軍の地位を息子の秀忠に譲ります。これは、<u>将軍職は今後、徳川氏が世襲（せしゅう）するということを人々に知らしめる目的</u>でおこなわれました。将軍職を息子に譲っても、家康は**大御所**（おおごしょ）という形で、政治の実権を握り続けます。

徳川秀忠の時代

　次は、**2代将軍徳川秀忠**の時代です。秀忠の時代とはいいましたが、さきほどもいったように、実権はあくまでも家康が握っています。

　関ヶ原の戦いに勝利したとはいっても、豊臣氏は依然として、大坂を拠点とした有力大名であることには変わりありませんでした。そこで、幕府は豊臣氏を滅ぼしにかかります。そして、1615年の③大坂夏の陣で、**豊臣氏を滅亡**させます。

　豊臣氏を滅亡させた幕府は、その年に政治体制の確立を進めていきます。ま

ず，**一国一城令**を出して，大名の居城を1つに限定しました。そして，**新規築城の禁止**などを定めた大名への統制法令を出します。②**武家諸法度**です。武家諸法度は，将軍が替わるごとに出されました。

また，公家に対する統制法令として，**禁中並公家諸法度**も出されました。武家諸法度と禁中並公家諸法度は，いずれも**崇伝**の起草によるものです。

❷ 徳川家光の時代

3代将軍には，2代将軍秀忠の子である④**徳川家光**が就きます。徳川家光の時代は，ひとことでいうと，いわゆる**「鎖国」の時代**です。鎖国については，第20講で詳しく扱っていきます。

武家諸法度は，将軍の代替わりごとに出されたので，家光も当然，**武家諸法度**を出します（**1635年**）。家光の出した武家諸法度は，鎖国という時代情勢を受けて，**500石以上の大船の建造を禁止**したり，**参勤交代**を制度化したりしました。

また，大名に対する統制を厳しくしたのもこのころです。幕府に背く大名に，**改易**（所領の没収）・**減封**（所領の削減）・**転封**（領地替え）などをおこなうことで，大名が幕府に逆らえないようにしました。

POINT

［江戸幕府の大名統制］

① 大名の種類：徳川氏とのつながりの強弱で分類
　　　　　　　親藩…徳川氏一族
　　　　　　　譜代…関ヶ原の戦い以前からの家臣
　　　　　　　外様…関ヶ原の戦い以降の家臣

② 大名の統制
　　　配置：譜代→要地，外様→遠隔地
　　　武家諸法度：参勤交代の制度化
　　　違反した大名に改易・減封・転封（国替）
　　　などの制裁

幕藩体制

◆ 幕府の財政基盤

　幕府の財政収入は，約400万石の直轄領である幕領からあがる年貢と，主要鉱山からの収入によるものでした。幕領と，幕府直属の家臣である旗本に与えられた旗本知行地をあわせると700万石となり，全国の石高の約4分の1を占めました。なお，幕領の年貢徴収は，郡代・代官がおこないました。

◆ 将軍直属の役職

　幕府の職制については，将軍直属の役職として，大老・⑤老中・若年寄・寺社奉行・京都所司代・大坂城代などがあります。将軍直属の役職は，譜代大名から選ばれました。

　大名は，親藩・譜代・外様の3種類に分けることができます。親戚の「親」の字からも連想できるように，親藩は，徳川氏一族のことです。譜代とは，関ヶ原の戦い以前から徳川家康の家臣だった大名です。外様は，関ヶ原の戦い以降に徳川家康の家臣になった大名のことです。☞「関ヶ原の戦いの前か後か」で，譜代か外様かが分かれるので，注意してください。

◆ 老中直属の役職など

　老中直属の役職は，旗本から選ばれました。大名の監視役である大目付や，町奉行・勘定奉行・城代（大坂城代を除く）・遠国奉行などが，老中直属の役職です。また，若年寄直属の役職には，旗本・御家人の監視役である目付などがありました。☞大目付と目付を混同しないようにしてください。

　⑥寺社奉行・町奉行・勘定奉行のことを三奉行といいます。この☞三奉行は，江戸の重要事項について審議をおこなう役職のため，地方の管轄をおこなう遠国奉行は三奉行に含まれませんので，注意しましょう。

019-C 朝廷・寺社の統制

朝廷の統制

　朝廷は，**禁中並公家諸法度**によって幕府の統制を受けました。その統制が原因でトラブルもおこります。それが**紫衣事件**（1629年）です。紫衣事件とは，幕府の許可のない紫衣勅許（僧侶に紫の衣を着ることを天皇が許すこと）を無効にした事件です。「幕府の許可なく勝手に動くな」ということを，朝廷に示したわけです。これに反発した京都の**大徳寺**の**沢庵**という僧侶は処罰を受けますし，当時の**後水尾天皇**は，天皇をやめてしまいます。

　また，幕府は**京都所司代**を設置して，朝廷や公家を統制しました。

寺社の統制

　幕府は寺院を**寺院法度**で統制しました。また，**本末制度**も設けました。これは，宗派の中心寺院である**本山**が，それ以外の寺院である**末寺**を統制していくという制度です。

　また，**すべての人々がいずれかの寺院に所属して檀徒になる寺檀制度**も設けました。檀徒に対しては，檀徒であることを証明する**寺請制度**が設けられ，寺院の檀徒が記された**宗門改帳**がつくられました。

　どの寺院の檀徒にも属さない人を対象に，**黄檗宗**などの新しい宗派もうまれました。黄檗宗は，中国・明僧の**隠元隆琦**が開いた**禅宗の一派**です。

POINT

[江戸幕府の朝廷・寺社統制]
① 朝廷の統制：禁中並公家諸法度 の制定
　　　　　　　京都所司代 の設置
② 寺院の統制：寺院法度・寺請制度

農民の統制

❯ 農村の統制と運営

　農村の統制も，江戸幕府には大きな特徴があります。まず，農民は大きく分けて，田畑を持ち検地帳に登録されている**本百姓**と，田畑を持たず小作をする**水呑**に分かれます。村の運営に参加できるのは本百姓のみで，本百姓の中から**名主・組頭・百姓代**からなる⑦**村方三役**が選ばれ，村の運営をおこなっていました。

　村の運営のために，**村法（村掟）**とよばれる統制法令がつくられました。村の運営の中で，幕府がもっとも重要視しているのは**年貢を集めること**です。これについては，村単位で請け負う⑧**村請制**が採用されました。また，年貢納入などにおいて，村人は⑨**五人組**とよばれる連帯責任制度のもとで組織されました。

　そのほかに，村では**共同利用地**である**入会地**の管理をおこなったり，**結（もやい）**とよばれる共同作業がおこなわれたりしました。**村法を破った者は，村八分**などの制裁措置を受けました。

❯ 農民の税負担と統制法令

　農民の税負担が，幕府や藩の重要な財源となっていましたから，農民の税負担はさまざまなものがあり，重いものでした。

　税負担には，**本年貢**である**本途物成**や，山林の利用や副業に課税される雑税である⑩**小物成**がありました。また，街道沿いの村々には，**伝馬役**といって人馬を供給する税が課せられました。伝馬役を補うものとして，**助郷役**もありました。

　農民の統制法令としては，1643年に出された土地の永久売買を禁じる**田畑永代売買の禁止令**と，本田畑に商品作物を植えることを禁じる**田畑勝手作りの禁**があります。また，1673年には，分割相続による所領の細分化を防ぐために，**分地制限令**も出されました。

共通テスト演習問題 24

問題

　江戸幕府を開いた@徳川家康の時代には，諸外国との間で積極的な外交・貿易が模索された。江戸幕府は，1619（元和5）年に大坂を直轄地にし，その周辺にⓑ徳川氏一族や譜代大名を重点的に配置した。

　幕府や藩は，検地により耕地などの生産力を把握して，それをもとに年貢などを算出し，ⓒ村を単位として徴収した。

問1　下線部@に関連して述べた次の文Ⅰ～Ⅲについて，古いものから年代順に正しく配列したものを，下の①～⑥のうちから一つ選べ。

　Ⅰ　大坂冬の陣・夏の陣（大坂の役）で，豊臣氏が滅ぼされた。

　Ⅱ　関ヶ原の戦いで，東軍が石田三成らの西軍に勝利した。

　Ⅲ　家康が将軍職を辞し，子の秀忠が将軍となった。

　① Ⅰ—Ⅱ—Ⅲ　　　② Ⅰ—Ⅲ—Ⅱ　　　③ Ⅱ—Ⅰ—Ⅲ

　④ Ⅱ—Ⅲ—Ⅰ　　　⑤ Ⅲ—Ⅰ—Ⅱ　　　⑥ Ⅲ—Ⅱ—Ⅰ

問2　下線部ⓑに関連して，幕府と大名の関係について述べた文として正しいものを，次の①～④のうちから一つ選べ。

　①　大名に，京都への参勤交代を命じた。

　②　大名を監視するために，目付をおいた。

　③　有力な外様大名に，老中の職を独占させた。

　④　武家諸法度を制定し，諸大名にその遵守を命じた。

問3　下線部ⓒに関連して，近世の村に関して述べた文として正しいものを，次の①～④のうちから一つ選べ。

　①　村では村掟がつくられ，違反者には村八分などの制裁が加えられた。

　②　村では，村役人と水呑からなる本百姓が村政を運営した。

　③　下肥などを採取する入会地の管理について，村は関与できなかった。

　④　用水の使用権などを村どうしが互いに争う国訴がしばしばおこった。

問1 流れがわかっていれば，年号を暗記していなくても解ける問題です。Ⅱの関ヶ原の戦いで，石田三成らを破った徳川家康は，征夷大将軍になります。そしてまもなく，Ⅲにあるように将軍職を辞し，子の秀忠が将軍となりました。しかし，まだ豊臣氏は大坂で有力大名として君臨していたため，Ⅰの大坂の役で豊臣氏を滅ぼしました。よって，④が正解となります。

解答 ④

問2 ① 参勤交代は大名が江戸に赴くことです。京都ではないので，誤りです。
② 大名を監視するためにおかれたのは大目付です。目付は，旗本・御家人を監視するためにおかれました。
③ 外様大名は，老中をはじめとした幕府の重職には任じられませんでした。幕府の重職には主に譜代大名が任じられたので，誤りです。
④ 武家諸法度は，大名の統制法令であり，正しいです。よって，正解は④となります。

解答 ④

問3 ① 近世の村では，村掟がつくられました。そして，規定に違反した者には，村八分といった制裁措置が加えられました。よって，①が正解となります。
② 水呑は，本百姓ではありません。田畑を運営している百姓である本百姓のみが，村の運営を担当しました。
③ 入会地とは村の共同利用地のことで，村が管理しました。
④ 国訴とは，株仲間による流通の独占に反対しておこった一揆のことです（▷p.225）。まだ習っていない内容ですが，①が明らかに正しいので，正解は①となります。

解答 ①

江戸時代はここから長いから，ここでちょっとひと休みをしまーす！

20 江戸初期の外交と文治政治

南蛮人		紅毛人
ポルトガル	スペイン	オランダ・イギリス
■糸割符制度 ●①ポルトガル商人の暴利排除が目的 ●糸割符仲間が輸入生糸を一括購入する ●糸割符仲間 　京都・堺・長崎の商人	■ドン=ロドリゴ ●上総（千葉県）に漂着 ■田中勝介をスペイン領メキシコに派遣 ■慶長遣欧使節 ●仙台藩主の伊達政宗が支倉常長を派遣	■リーフデ号の漂着 ●豊後（大分県）に漂着 ●ヤン=ヨーステン ●ウィリアム=アダムズ ■②オランダが商館 ■③イギリスが商館
●1612年：禁教令が幕領に対して発令された		
●1613年：禁教令が全国に対して発令された 　→ヨーロッパ船の寄港が平戸・長崎に限定された		
	●1624年：来航禁止	●1623年：イギリス撤退
●1631年：④奉書船制度がはじまった		
●1633年：奉書船以外の日本船の海外渡航を禁止した		
●1635年：日本人の海外渡航・帰国を禁止した		
●1637年：島原の乱 ●1639年： 　ポルトガル船来航禁止		●1641年： 　オランダ商館を出島に移す

朝鮮	■⑤己酉約条→⑥宗氏（対馬）が朝鮮貿易を独占（1609年） ■⑦通信使（将軍の代替わりごと）	琉球	■琉球王国征服（⑧島津氏） ■慶賀使（将軍の代替わりごと） ■謝恩使（国王の代替わりごと）

020-B 文治政治の展開

将軍	実力者	政治	経済・その他
4代 ⑨徳川家綱	保科正之	文治政治 ■⑩末期養子の禁止を緩和 ■殉死の禁止 ■大名証人制の廃止	■⑪慶安の変(1651年):由井正雪がおこした牢人反乱 ■明暦の大火(1657年)↳江戸最大の大火
5代 ⑫徳川綱吉	堀田正俊(大老) 柳沢吉保(側用人)	■学問の奨励 ●林鳳岡を大学頭→湯島聖堂をつくらせる ●渋川春海を天文方 ●北村季吟を歌学方 ■⑬生類憐みの令↳犬や鳥獣を愛護	■元禄小判を発行↳質の劣る貨幣 ●荻原重秀:勘定吟味役 ●金の含有量を減らし,差額を幕府の収入に
6代 家宣 7代 家継	⑭新井白石(侍講) 間部詮房(側用人)	正徳の政治 ■閑院宮家を創設:皇子・皇女の出家防止 ■朝鮮からの通信使の待遇を簡素化	■正徳小判を発行↳良質の貨幣 ■海舶互市新例(1715年)↳長崎新令・正徳新令ともいう ●⑮長崎貿易を制限(金銀の海外流出防止)

これだけ!ワード (共通テストの用語選択で出る語句) ──→ ①小田原
これだけ!プチ (共通テスト重要語句) ──→ 塵芥集
これだけ!フレーズ (共通テスト正誤判断のカギとなるフレーズ)──→ 北条氏
🖐ひとこと!アドバイス (得点アップのワンポイント) ──→ 🖐分国法

195

江戸初期の外交

✎ 鎖国の展開は10年刻みで！

　鎖国への展開は10年刻みで段階を追って見ていきましょう。1600年代は，南蛮人に加えて紅毛人が来航し，貿易を積極的におこなっていた時期ですが，1610年代は禁教令の時期になります。1620年代に来航する国が減り，1630年代にはついに「鎖国」へ，と進んでいくのです。

❯ **紅毛人の来航**

　安土桃山時代に日本に来た西洋人は，**ポルトガル人やスペイン（イスパニア）人**といった**南蛮人**でした。それが江戸時代になると，南蛮人以外も日本にやってきます。**1600年にオランダの船リーフデ号**が豊後（大分県）に漂着しました。このできごとをきっかけに，オランダ人やイギリス人といった**紅毛人**との交流がはじまるわけです。②**オランダ**・③**イギリス**との貿易は**17世紀**に入ってから，とおさえておきましょう。

❯ **糸割符制度**

　紅毛人がやってきてからも，南蛮人との間でも活発に貿易をおこなっていました。貿易が活発になるにしたがって，当然さまざまなトラブルもおこってきます。その中でもっとも深刻だったのが，①**ポルトガル**商人が**中国産生糸**を高値で売りつけてくることでした。

　幕府は，対抗策として**糸割符制度**（1604年）をはじめました。糸割符制度とは，**糸割符仲間**とよばれる特定の商人が輸入生糸を**一括購入**することによって，ポルトガル人が生糸の値段をつり上げにくくしようとしたわけです。糸割符仲間は，**京都・堺・長崎の商人**で構成されました。この制度は一定の成果をあげました。

❯ 貿易の奨励と拡大

徳川家康は，貿易を非常に奨励しました。貿易の際には**朱印状**という渡航許可書が必要だったので，この貿易を**朱印船貿易**といいます。当時，もっとも重要な輸入品は**生糸**，そしてもっとも重要な輸出品は**銀**でした。

大坂の**末吉孫左衛門**や京都の**角倉了以・茶屋四郎次郎**ら日本の商人も積極的に東南アジアに赴いたため，シャム（タイ）の**アユタヤ**など東南アジアの主要都市には，**日本町**が形成されました。**山田長政**は，アユタヤ日本町の長として有名です。

また，徳川家康の命で**田中勝介**がスペイン領メキシコ（ノヴィスパン）に派遣されたり，仙台藩主**伊達政宗**の命で家臣である**支倉常長**が，メキシコ経由でヨーロッパに派遣されたりもしました。

[朱印船貿易]

東南アジア諸国との貿易

→シャム（タイ）のアユタヤなど各地に 日本町

→輸入品は 生糸 ，輸出品は 銀 が中心

POINT

❯ 禁教令と鎖国

しかし，貿易を奨励すると，それにともなって，キリスト教が日本にもたらされてしまうのです。そこで，幕府は1612年に**幕領**とよばれる直轄領に対して**禁教令**を出し，翌年にはそれを全国に拡大しました。

また，貿易港が多いと，それだけキリスト教が入ってきやすくなるということで，**ヨーロッパ船の寄港地を平戸と長崎**に限定しました。しかし，それでもキリスト教の影響を一掃することはできませんでした。そこで，1624年には，もっともキリスト教と関わりの深かった**スペイン（イスパニア）船**の来航を禁止します。

1630年代になると，幕府は貿易についても規制を強めていきます。1631年には④**奉書船**制度がはじまります。これにより，海外渡航の際に，老中の発行する老中奉書を携帯することを義務づけるわけです。1633年には，**奉書船以外の海外渡航を全面的に禁止**します。そして，1635年には，**日本人の海外渡航と帰国を禁止**します。

▶ 鎖国の完成

日本人の海外渡航と帰国を禁止した2年後の1637年に，大きな反乱がおこります。**島原の乱**です。

島原の乱では，島原(長崎県)の領主や天草(熊本県)の領主が厳しい労役や重い年貢を課すなどの圧政をおこなったうえ，キリシタンを弾圧したことに対抗して，キリシタンの百姓たちが**益田(天草四郎)時貞**を奉じて反乱をおこしたものです。彼らは島原の**原城跡**にたてこもりました。

この島原の乱を重く受けとめた幕府は，1639年に**ポルトガル船**の来航を禁止します。そして，**1641年**には**オランダ商館**を**出島**に移し，いわゆる「鎖国」を完成させます。

中国人については，当初，長崎で日本人と雑居状態でしたが，1689年に長崎市郊外に**唐人屋敷**をつくって，そこに移住させました。☞中国人が住んだのは出島ではなく，唐人屋敷なので，注意してください。

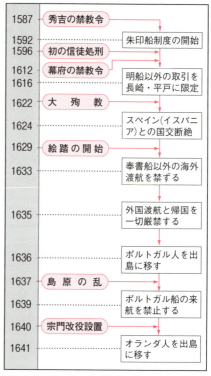

1587	秀吉の禁教令
1592	朱印船制度の開始
1596	初の信徒処刑
1612	幕府の禁教令
1616	明船以外の取引を長崎・平戸に限定
1622	大殉教
1624	スペイン(イスパニア)との国交断絶
1629	絵踏の開始
1633	奉書船以外の海外渡航を禁ずる
1635	外国渡航と帰国を一切厳禁する
1636	ポルトガル人を出島に移す
1637	島原の乱
1639	ポルトガル船の来航を禁止する
1640	宗門改役設置
1641	オランダ人を出島に移す

▲キリスト教の禁止と「鎖国」政策

▶ 朝鮮と琉球

☞この時期の朝鮮や琉球(沖縄県)との関係は，共通テストでねらわれるところです。ポイントをしぼって，得点源にしてしまいましょう。

朝鮮との関係は，⑤**己酉約条**の締結(1609年)によって，**対馬**の大名である⑥**宗氏**が，朝鮮との貿易を独占することになりました。朝鮮は，将軍の代替わりごとに⑦**通信使**を派遣しました。

琉球王国は，**薩摩**(鹿児島県)の⑧**島津氏**によって征服されました。江戸時代の琉球は，日本と清の両方の国に従属するという形式をとっていました。

020-B　文治政治の展開

❯ 17世紀後半〜18世紀初頭

　ここでは，4代将軍徳川家綱から7代将軍徳川家継までを扱います。4代将軍家綱と5代将軍綱吉が **17世紀後半**，6代将軍家宣と7代将軍家継が **18世紀初頭** にあたります。

❯ 武断政治と慶安の変

　1651年，3代将軍徳川家光が亡くなります。跡を継ぐ息子の4代将軍⑨ **徳川家綱** は，まだ幼少でした。そんな混乱の中，1651年に **牢人** による **反乱** がおこります。⑪ **慶安の変** です。

　牢人 とは，**改易**（▷p.187）により職を失った武士のことです。幕府のせいで職を失ったわけですから，当然，幕府に対して不満を持っています。**由井正雪** らが中心となったこの反乱は，まもなく幕府により鎮圧されましたが，かなり大規模なものだったので，幕府は危機感を持ちます。

　そこで，従来のようにドンドン改易をおこなう政治（これを **武断政治** といいます）をやめようという動きがおこります。**文治政治** のはじまりです。

❯ 文治政治のはじまり —— 4代将軍家綱

　当時，改易のほとんどは，大名が死んで跡継ぎがいなかったことに原因がありました。跡継ぎのいない家は，その瞬間に **断絶** となっていたわけです。

　そこで，⑩ **末期養子の禁止** を **緩和** するわけです。末期養子とは，死の直前に養子を迎えることによって，跡継ぎがいないことによる家の断絶を防ぐことです。従来，幕府はこれを禁止していたのですが，**50歳未満の場合は末期養子を認めよう** というように方針転換するわけです。これによって，これ以降，跡継ぎがいないことによる改易がほとんどなくなります。

　また，主人の跡追い自殺である **殉死を禁止** したり，大名に人質を差し出すよう命じる **大名証人制などを廃止** します。

　さて，このころ，江戸最大の大火がおこります。**明暦の大火**（1657年）です。実は，この大火が，その後の幕府の財政を大きく圧迫することになりました。

▶ 5代将軍徳川綱吉の時代

5代将軍は⑫徳川綱吉です。⚓徳川綱吉の政治は，よく出るテーマなので，しっかりおさえていきましょう。

5代将軍綱吉はまず，学問を奨励します。林鳳岡を大学頭に任命して，江戸に湯島聖堂をつくらせ，そこに孔子をまつります。また，渋川春海(安井算哲)を天文方に任命し，貞享暦という暦をつくらせました。そして，北村季吟を歌学方に任命しています。

さらに，綱吉といえば，⑬生類憐みの令を出したことで有名です。犬公方という別名があるように，犬や鳥獣を愛護する政策をとりました。

4代将軍家綱の最後のところで，江戸最大の大火(明暦の大火)についてお話ししましたが，綱吉のころ，この大火が幕府の財政を大きく圧迫していました。そこで，勘定吟味役の荻原重秀が中心となって，元禄小判を発行しました。この小判は，従来の小判に比べて金の含有量の少ない，質の劣った貨幣でした。

質の劣った貨幣をつくると，その分だけ金が余ります。その余った金を幕府の収入にしようとしたわけです。ただ，金の少ない価値の低い貨幣をつくると，貨幣の価値が落ちてしまい，物価が上がってしまいます。その結果，幕府の財政をますます圧迫していったわけです。

▶ 新井白石の政治

6代将軍徳川家宣と，その子である7代将軍家継の時代は，儒学者である⑭新井白石が中心となって政治をおしすすめていきました。この政治を正徳の政治といいます。

さきほども述べたように，幕府の財政がひっ迫していたわけですから，幕府の財政を立て直すような政策がとられていきます。まず新井白石がメスを入れたのが，朝鮮からの通信使の待遇の簡素化です。

次に，5代将軍綱吉のときにつくられた元禄小判が幕府の財政を圧迫していたので，これをやめて良質の貨幣を発行します。これを正徳小判といいます。

また，1715年，海舶互市新例(長崎新令・正徳新令)を出して⑮長崎貿易を制限することによって，無駄な出費をなくしていきました。

📋 共通テスト演習問題 25

問題

　幕府は17世紀前半に，@日本と諸外国の外交制度を定め，朝鮮と琉球は「通信」の国，中国とオランダは「通商」の国として，それ以外の諸外国が日本に来ることを禁じた。

　国内に住む人々へは，宗教統制を徐々に強化し，ⓑ4代将軍徳川家綱のころには，宗門改めが全国的に制度化され，宗門改帳(宗旨人別帳)が作成されるようになった。

　6代将軍，7代将軍の時代には，ⓒ幕府は外交儀礼を整えるとともに，朝廷と協調をはかり，将軍の権威を高めようとした。

問1 下線部@に関連して，江戸時代における朝鮮・琉球・中国・オランダのそれぞれと日本との関係について述べた文として正しいものを，次の①〜④のうちから一つ選べ。

① 秀吉による侵略の失敗の後，朝鮮と江戸幕府との間で己酉約条が結ばれ，長崎において日朝貿易がおこなわれることになった。

② 琉球王国は薩摩藩により武力征服されたが，一方では，中国と琉球王国との朝貢貿易は維持された。

③ 寛永期に，幕府は中国船の来航を長崎に限定し，渡航許可書である朱印状を中国船に与えて，日本と中国との朝貢貿易をおこなった。

④ オランダ船来航のたびに提出されたオランダ国王の親書によって，幕府は海外の情報を得ることができた。

問2 下線部ⓑに関連して，徳川家綱の将軍在職中におけるできごとに関して述べた次の文X・Yについて，その正誤の組合せとして正しいものを，下の①〜④のうちから一つ選べ。

X　由井正雪が牢人などを集めて，飢饉に対応するよう求めた慶安の変がおきた。

Y　死んだ主君の跡を追って，家臣が殉死することを禁止した。

① X—正　　Y—正　　② X—正　　Y—誤
③ X—誤　　Y—正　　④ X—誤　　Y—誤

問3　下線部ⓒに関連して，この時期の幕府の政策に関して述べた次の文X・Yについて，その正誤の組合せとして正しいものを，下の①～④のうちから一つ選べ。

X　朝鮮からの国書に記す将軍の称号を，日本国大君と改めさせた。
Y　新たに閑院宮家を創設し，朝廷との協調をはかった。

① X―正　　Y―正　　② X―正　　Y―誤
③ X―誤　　Y―正　　④ X―誤　　Y―誤

解説

問1
① 日朝貿易は対馬の宗氏を通じておこなわれました。長崎でおこなわれたのではないので，誤りです。
② 琉球王国は，江戸時代に薩摩藩に征服された後も，中国との朝貢関係を維持していました。よって，この選択肢が正しいということになり，正解は②となります。
③ 朱印状は，日本の貿易船に与えられた渡航許可書のことです。また，江戸時代には日本と中国との間で朝貢貿易がおこなわれていなかったため，誤りとなります。
④ これは，少し難しい選択肢です。オランダ船が来航するために，オランダ商館長は「オランダ風説書」を提出しました。「オランダ国王の親書」ではないので，誤りとなります。②が明らかに正しいことや，日本とオランダとの間に国交が結ばれていなかったことから，オランダ国王から親書が届くということは考えにくいのではないかと連想して，②を選び取ってください。

解答　②

202

問2 歴史用語を覚えているかどうかよりは，その内容をしっかりと理解でき
ているかどうかが重要です。そうすれば，この問題も正しい選択肢を選ぶ
ことができます。

X 徳川家綱のころにおこった慶安の変は，幕府転覆計画です。「飢饉に対応」
を求めておこったものではありません。飢饉に対する反発が盛り上がっ
てくるのは，江戸中期以降のことなので，ここからも誤りであるという
ことがわかります。

Y 徳川家綱は末期養子の禁止を緩和するとともに，殉死の禁止や大名証人
制の廃止などをおこない，文治政治を推進しました。よって，この選択
肢は正しいとなります。

解答 ③

問3

X これは少し難しい選択肢です。このような問題は解けなくても，共通テ
ストで9割は確保できます。将軍の対外的な称号は「日本国大君」から「日
本国王」に改められました。将軍が日本の王であることを明確にすること
が目的です。よって，この選択肢は誤りとなります。

Y 新井白石は正徳の政治において，閑院宮家を創設することで，朝廷との
融和をはかりました。よって，この選択肢は正しいとなります。

解答 ③

021-A 江戸時代の産業と商業

農業

- **新田開発**
  - ●町人請負新田(町人資本)
  - ●箱根用水(芦ノ湖の水を利用)
  - ●見沼代用水(利根川の水を利用)
  - ●新田:150万町歩→300万町歩に
- **農具の開発**
  - ●①**備中鍬**(深く耕すのに使用)
  - ●**千歯扱**(脱穀に使用)
  - ●**唐箕・千石簁**(選別に使用)
  - ●**踏車**(灌漑に使用)
- **金肥**(購入肥料)
  - ●②**干鰯**(鰯を用いた肥料)
  - ●油粕(菜種油の絞りかす)
- **農書**
  - ●宮崎安貞:『農業全書』
  - ●大蔵永常:『広益国産考』・
  　　　　　　　　　　『農具便利論』
- **農政家**
  　　二宮尊徳・大原幽学など
- **商品作物**
  - ●四木:楮・桑・漆・茶
  - ●三草:藍・麻・紅花
  　　主な産地(出羽の紅花,駿河・山城宇治の茶,備後の藺草,阿波の藍玉)

林業・水産業

- **林業:木曽檜・秋田杉**
- **水産業:上方漁法**
  - ③**鰯**:九十九里浜で地曳網漁
  - ●俵物:中国料理の材料として輸出
  　　↳いりこ・ほしあわび・ふかひれ
  - ●製塩業:**入浜塩田**

蔵物と納屋物

- **④蔵物**:大名が税として徴収し,市場に流通した品
- ■納屋物:蔵物以外のルートで市場に流通した品
- ⑤**蔵元**:蔵物の販売をおこなう
- ⑥**掛屋**:蔵物の売却代金の出納
- **蔵屋敷(大坂)**:蔵物を納める場所
- **札差**:旗本・御家人の蔵米の売却

商業

- ■市の発展:**米市場**(大坂**堂島**)
  - ●**魚市場**(大坂雑喉場,江戸**日本橋**)
  - ●**青物市場**(大坂天満,江戸**神田**)
- ■株仲間:運上・冥加を支払って営業を独占した
- **二十四組問屋**:**大坂**の荷積問屋
  　十組問屋:**江戸**の荷受問屋

021-B 江戸時代の交通と貨幣

陸上交通	水上交通
■**五街道**：幕府の直轄 東海道・中山道・甲州道中・日光 道中・奥州道中 ■**脇街道(脇往還)**：北国街道・伊勢 街道・長崎街道など ■**宿駅**(街道沿い，2〜3里ごと) ●**本陣・脇本陣**：大名が利用 ●**旅籠屋**：一般旅行者が利用 ●⑦**問屋場**：人馬の継ぎたて ■**関所**：街道沿い，通行人の取り締まり ●**箱根・新居**(東海道) ●**碓氷・木曽福島**(中山道) ●**小仏**(甲州道中) ●**栗橋**(奥州道中・日光道中) ■**飛脚**：書簡や金銀を送り届けた ●**継飛脚**：幕府が利用した飛脚 ●**大名飛脚**：大名が利用した飛脚 ●**町飛脚**：町人が利用した飛脚	■**東廻り海運・西廻り海運** ●**河村瑞賢**が開拓した航路 ■**南海路** ●大坂〜江戸間の定期航路 ●**菱垣廻船・樽廻船**が就航 ●西廻り海運には北前船も就航 ■河川の開発 ●**角倉了以**が富士川・賀茂川・高瀬 川などを開発

水上交通（続き）貨幣

三都	貨幣
■**江戸**：「将軍のお膝元」 ●**人口100万人**(武家50万人・町方 50万人) ■**大坂**：「天下の台所」・経済の中心 ■**京都**：千年の古都	■**三貨**：金貨・銀貨・銭貨のこと ●⑧**金貨**：小判が東日本で使用される ●⑨**銀貨**：丁銀・豆板銀など，重さを 量って用いる⑩**秤量貨幣**が西日本 で使用される 銭貨：寛永通宝など ■**藩札**：藩内に限って流通した紙幣 ■両替比率 ●金貨：1両＝4分＝16朱 ●銀貨：1貫＝1000匁 ●銭貨：1貫＝1000文

これだけ！ワード（共通テストの用語選択で出る語句）――→ ①小田原

これだけ！プチ（共通テスト重要語句）――――→ 塵芥集

これだけ！フレーズ（共通テスト正誤判断のカギとなるフレーズ）→ 北条氏

☞ひとこと！アドバイス（得点アップのワンポイント）――→ ☞分国法

江戸時代の産業と商業

✎ 暗記するのではなく，意味と識別！

　産業・経済の単元は，丸暗記しても意味がありません。なぜなら，用語そのものを覚えているかどうかを問う問題は少ないからです。むしろ，用語の意味の部分，そして，その用語が江戸時代の経済に関する用語であるということを識別できることが大切です。

▶ 江戸時代の新田開発

　江戸時代は，年貢収入が幕府や藩の重要な財源でした。そのため，幕府や藩は農業収入を増やすための政策を積極的におこないました。その最たるものが，**新田開発**です。

　江戸初期には，代官などが中心となって新田開発をおこなってきました（**代官見立新田**）。しかし，江戸中期以降になると，幕府の財政が苦しくなったため，今まで禁止していた町人による新田開発を奨励するようになりました。町人資本による新田開発を**町人請負新田**といいます。

　新田開発と並行させて，農業用水の確保もおこないます。芦ノ湖の水を利用した**箱根用水**や，利根川の水を利用した**見沼代用水**などがつくられました。

　耕地面積は，江戸時代初期には約150万町歩だったのが，江戸時代中期には300万町歩にまで広がりました。江戸時代の最初の100年ほどで，2倍になったわけです。

▶ 農具の改良

　江戸時代には，さまざまな農具の改良もおこなわれました。**深く耕すことに適した①備中鍬**，脱穀に使用された**千歯扱**，また選別道具であった**唐箕**や千石簁，従来の龍骨車に代わって灌漑に用いられた**踏車**などが有名です。

　ただ，農具は名称だけを覚えても意味がありません。☞図を見て，何に使われた農具かを識別できるようにしておいてください。📖 共通テスト演習問題**26**で，☞農具の識別ができるようにしておきましょう。

● 肥料の開発と農書・農政家

農業生産を増やすために，肥料の開発もおこなわれます。江戸時代になると，**金肥**(きんぴ)とよばれる**購入肥料**が用いられるようになります。金肥には，**鰯を原料**(いわし)**とした②干鰯**(ほしか)や，**菜種油の絞りかすである油粕**(なたねあぶら)(あぶらかす)などがありました。

また，農業技術の発展のために，農書を書く者や農政家が次々とうまれてきます。江戸時代前期には，**宮崎安貞**(みやざきやすさだ)が『**農業全書**』を著し，江戸時代後期には，**大蔵永常**(おおくらながつね)が『**広益国産考**』(こうえきこくさんこう)や『**農具便利論**』を著しました。

また，江戸時代後期になると，**二宮尊徳**(にのみやそんとく)（金次郎）や**大原幽学**(ゆうがく)といった農政家も出てきます。これらの農政家たちは，飢饉(ききん)などで荒れ果てた農村の復興に尽力します。

● 江戸時代の諸産業

江戸時代の林業は，**木曽檜**(きそひのき)と**秋田杉**をおさえていれば大丈夫です。漁業については，干鰯の原料である**③鰯**をとるために，**九十九里浜**(くじゅうくりはま)（千葉県）で**地曳網漁**(じびきあみりょう)がおこなわれたことや，**土佐**（高知県）では鰹(かつお)や鯨(くじら)の漁をおこなっていた点をおさえておいてください。そして，江戸時代は**入浜塩田**(いりはまえんでん)が多くつくられました。

諸産業については，**酒造業の灘**(なだ)・**伊丹**(いたみ)（ともに兵庫県），**醤油の銚子**(しょうゆ)(ちょうし)・**野田**（ともに千葉県），**陶磁器の瀬戸**(とうじき)(せと)（愛知県）・**美濃**(みの)（岐阜県）・**有田**(ありた)（佐賀県），**綿織物の久留米絣**(くるめがすり)・**小倉織**(こくらおり)（ともに福岡県），**麻織物の越後縮**(あさおりもの)(えちごちぢみ)（小千谷縮(おぢやちぢみ)・新潟県）・**近江麻**(おうみあさ)（滋賀県）などが有名です。これらも✍暗記するのではなく，こういうものが江戸時代にあったなとわかっていれば，共通テストの問題は解けるようになっています。

酒	灘・伊丹
醤油	銚子・野田
陶磁器	瀬戸・美濃・有田
綿織物	久留米・小倉
麻織物	越後・近江

最後に，鉱山についてもまとめておきます。**金山の佐渡**（新潟県），**銀山の石見**(いわ)(み)（島根県）・**生野**(いくの)（兵庫県），**銅山の足尾**(あしお)（栃木県）などが幕府の直営です。**別子銅山**(べっし)(いずみや)（愛媛県）は，大坂の泉屋(いずみや)（のちの住友）が経営する，民間の銅山でした。

蔵物と納屋物

　このあたりの内容も抽象的で面白くないところですが，👆共通テストでは用語を暗記しているかどうかではなく，定義をおさえているかどうかが問われます。1つひとつの定義をしっかりおさえていきましょう。

　大名が税として徴収し，市場に流れる商品を④**蔵物**といいます。蔵物の販売を担当するのが⑤**蔵元**で，売買代金の出納担当が⑥**掛屋**です。蔵物は地元においていても売れませんので，大坂などに移動して保管しておく必要があります。そのための倉庫，つまり蔵物をおさめる場所を**蔵屋敷**といいます。

　旗本や御家人は，**俸禄**(現在の給与)を，現金ではなくお米で受け取っていました。これを**蔵米**といいます。お米のままでは，買い物もできませんから，このお米を現金に換金する必要があります。その換金をおこなうのが，**札差**とよばれる商人です。

江戸時代の商業と三都

　江戸時代，首都は**江戸**にあり，経済の中心は**大坂**にありました。そのため，大坂と江戸を中心に市が発展していきました。

　米市場は大坂の**堂島**に，**魚市場**は大坂の**雑喉場**と江戸の**日本橋**に，**青物市場**は大坂の**天満**と江戸の**神田**におかれました。

　売買された商品を船に積み込むために，**大坂**には荷積問屋である**二十四組問屋**がつくられました。大量の物資を受け取る**江戸**では，荷受問屋である**十組問屋**などもうまれてきます。経済の中心は大坂だったので，大坂で商品を買い，その商品が荷積みされました。そのため，大坂が**荷積問屋**となるわけです。

　千年の古都である**京都**も，西陣織や京染などが盛んな工芸都市として栄えました。

POINT

[三都]
① 江戸：「将軍のお膝元」として日本の政治の中心地
② 大坂：「天下の台所」と称され，経済の中心地
③ 京都：千年の古都，西陣織や京染などの工芸都市

021-B 江戸時代の交通と貨幣

❯ 街道と水上交通

　江戸を起点とする重要な街道を**五街道**といい，五街道以外の主要都市を結ぶ街道を**脇街道(脇往還)**といいました。

　街道沿いには，2～3里ごとに**宿駅**がおかれました。宿駅には，大名・公家・幕府役人のための**本陣**や，庶民のための**旅籠屋**という宿泊施設が整備されていました。そして，⑦**問屋場**とよばれる，人馬や荷物をリレーする継ぎ送りのための場所もありました。また，街道沿いには，通行人を取り締まる目的で，**関所**がおかれました。

　水上交通では，**河村瑞賢**が**東廻り海運・西廻り海運**を整備しました。河村瑞賢と混同しやすいのが，**角倉了以**です。了以は朱印船商人でもありましたが，富士川・加茂川・高瀬川などの河川の開発をおこないました。

❯ 貨幣と都市の発展

　江戸時代には，金貨・銀貨・銭貨の3種類の貨幣が鋳造されました。⑧**金貨**が**東日本**で使用され，⑨**銀貨**は**西日本**で使用されました。なお，銀貨は重さを量って用いる⑩**秤量貨幣**で，金貨は枚数を数えて使う計数貨幣でした。

　各藩では，**藩札**とよばれる紙幣が発行されました。藩札は，藩の財政が苦しくなった，江戸時代中期以降に多く発行されるようになります。

　また，主な都市として，下の表のような城下町・港町・宿場町・門前町が発達しました。

城下町	江戸・金沢・名古屋・広島・仙台・岡山
港町	堺・長崎・博多・新潟・敦賀・小浜・三国
宿場町	品川・三島・島田・金谷・草津・沼津
門前町	奈良・宇治山田・長野・日光・成田・琴平

問題

　農民は農具や品種の改良をはかって生産力の向上につとめたが，一方，領民からの年貢に財政を依存していた領主も，年貢収入を安定させるために，治水・灌漑工事や新田開発を積極的におこなって，生産基盤の充実と拡大をはかった。その結果，江戸時代に農業生産力は飛躍的に上昇していった。

問1　江戸時代に発明され，普及した，脱穀のために使用される農具として正しいものを，次の①〜④のうちから一つ選べ。

問2　農業生産に関連して述べた文として正しいものを，次の①〜④のうちから一つ選べ。

① 町人が出資しておこなう町人請負新田は，農村の荒廃を促進したために，近世中期には全面的に禁止された。

② 幕府は，田畑永代売買の禁令や分地制限令を出して，武士が農民から土地を買うことを禁止した。

③ 中国から伝来した龍骨車の普及は，生産物の輸送力を飛躍的に高めたため，農村では商品作物の栽培が盛んになった。

④ 宮崎安貞の『農業全書』，大蔵永常の『農具便利論』などの農書によって，栽培技術や農業知識が広まった。

解説

問1 ①が脱穀道具である千歯扱，②と③はいずれも選別道具で，②は千石簁，③は唐箕です。④は水を用いているところから灌漑道具である龍骨車を連想してください。4つの絵に加えて，右の備中鍬の絵も答えられるようにしておいてください。

▲備中鍬

解答 ①

問2 ①の町人請負新田は江戸中期以降に奨励されたものなので，「近世中期には全面的に禁止」の部分が誤り。②の「田畑永代売買の禁令」や「分地制限令」は，武士が農民から土地を買うことを禁止した内容ではないので誤り。③の「龍骨車」は江戸時代以前に用いられていた灌漑のための農具なので，誤り。江戸時代に普及した灌漑道具は，「踏車」です。

解答 ④

22 三大改革

022-A 享保の改革

将軍	政治	経済	社会
8代 ①徳川 吉宗	■**相対済し令** ●金銭貸借の問題を当事者間で解決 ■**目安箱** ●②**小石川養生所**を設置した ■**足高の制** ●旗本の人材登用 ●**大岡忠相**を江戸町奉行に ■**公事方御定書** ●裁判や刑罰の基準にする	■倹約令（支出の抑制） ■**上げ米**（大名に上納させる） ●**1万石につき100石** ●参勤交代の際，江戸にいる期間を半減 ■**町人請負新田**の奨励 ■検見法から**定免法**に ●年貢を五公五民に ●大坂**堂島米市場**公認 ■質流れ禁令を出した ■株仲間を公認した	■**荻生徂徠**・**室鳩巣**・田中丘隅の登用 ■**漢訳洋書輸入の禁の緩和** ●青木昆陽と野呂元丈にオランダ語を学ばせた ■**甘藷（青木昆陽）**・甘蔗・櫨・朝鮮人参を奨励 ■**享保の飢饉** 西日本でうんかが大量発生

022-B 田沼時代

将軍	実力者	政治	経済
10代 徳川 家治	③**田沼意次** （老中）	■子の**田沼意知**も若年寄に ■ロシア貿易のため蝦夷開発 ●**最上徳内**を蝦夷地に派遣 ●『**赤蝦夷風説考**』を参考 ■1782年：④**天明の飢饉** ●東北地方での冷害が原因 ●⑤**浅間山の噴火**	■**株仲間**を奨励 ■幕府直営の座を設置 ●銅座・鉄座・真鍮座・朝鮮人参座 ■**長崎貿易**を奨励 ●銅・**俵物**を輸出 ■**印旛沼・手賀沼の干拓**

022-C　寛政の改革

将軍	実力者	政治・社会	経済
11代 徳川 家斉（いえなり）	⑥松平定信（さだのぶ）（老中）	■倹約令（支出の抑制） ■囲米（かこいまい）（飢饉対策） ●⑦義倉・社倉（ぎそう・しゃそう）の設置 ■七分積金（しちぶつみきん） ●貧民救済を目的に町入用 　節約分の70%を積立 ■人足寄場（にんそくよせば）（江戸石川島） ■棄捐令（きえんれい） ●旗本・御家人（はたもと・ごけにん）の救済目的 ●札差（ふださし）に貸金（かしきん）を放棄（ほうき）させた	■⑧旧里帰農令（きゅうりきのうれい） ●農民の帰農を奨励した ■寛政異学の禁（かんせいいがく） ●朱子学を正学（しゅしがく・せいがく）とした ●朱子学以外の講義禁止 ●寛政の三博士（さんはかせ）が中心 ■林子平（しへい）を処罰した ●『海国兵談（かいこくへいだん）』が処罰の対象 ■山東京伝（さんとうきょうでん）を処罰した ●洒落本（しゃれぼん）『仕懸文庫（しかけぶんこ）』が処罰 　の対象

022-D　文化・文政時代と天保の改革

将軍	実力者	政治	経済・社会
11代 徳川 家斉（いえなり）		文化・文政時代 放漫政治をおこなう ■関東取締出役（かんとうとりしまりしゅつやく（でやく）） 　↳関東の治安維持 ■寄場組合（よせばくみあい） 　↳農民統制の強化	■天保の飢饉（てんぽう） ■1837年：大塩の乱（おおしお） ●大塩平八郎（おおしおへいはちろう）が蜂起（ほうき） 　↳大坂町奉行所の元与力 ■1837年：生田万（いくたよろず）の乱 　↳越後の国学者
12代 家慶（いえよし）	⑨水野忠邦（ただくに）（老中）	天保の改革 ■⑩人返しの法（ひとがえ）（帰農強制） ■薪水給与令（しんすいきゅうよれい） 　↳異国船打払令を緩和 ■上知令（じょうちれい）（あげち）：江戸・大坂周辺 ●50万石の直轄地計画→失敗	■倹約令（支出の抑制） ■株仲間の解散（1841年） ●物価引下げがねらい→失敗 ■物価引下げ令 ■棄捐令

これだけ！ワード（共通テストの用語選択で出る語句）──→ ①小田原

これだけ！プチ（共通テスト重要語句）──→ 塵芥集

これだけ！フレーズ（共通テスト正誤判断のカギとなるフレーズ）─→ 北条氏

☞ひとこと！アドバイス（得点アップのワンポイント）──→ ☞分国法

享保の改革

🔻 **どのできごとがどの改革かをおさえる！**

　江戸時代の三大改革で大切なのは，それぞれのできごとがどの改革のできごとなのか，識別できるかどうかです。それぞれの用語について，意味を理解しながら「どの改革か」がいえるようにしていきましょう。

18世紀前期	正徳の政治（新井白石の政治）（▷p.200） **享保の改革**（徳川吉宗の政治）
18世紀後期	田沼時代（田沼意次の政治） **寛政の改革**（松平定信の政治）
19世紀前期	文化・文政時代（徳川家斉の政治） **天保の改革**（水野忠邦の政治）

❯ 8代将軍徳川吉宗

　享保の改革は，**18世紀前期**の幕政改革です。江戸時代中期以降，幕府の財政は苦しくなっていました。そのため，江戸時代中期以降，財政難を打開するために，さまざまな改革がおこなわれるわけです。

　享保の改革をおこなったのは，8代将軍①**徳川吉宗**です。吉宗は**倹約令**を出し，幕府の支出を減らそうとしました。ただ，節約だけでは，財政難は打開できないため，同時に幕府の収入を増やす道も探りました。

❯ 経済政策① ── 上げ米

　そこで，まずおこなわれたのが，**上げ米**です。上げ米は大名に対して実施されました。大名に対して，**石高1万石につき米を100石**上納するように義務づけたのです。その代わり，大名が参勤交代の際の江戸にいる期間を，従来の1年間から半年に短縮しました。

❯ 経済政策② —— 新田開発と年貢の増収

　幕府の収入の中心は，農民から徴収する年貢収入です。そこで，年貢収入を増やすために，新田の開発をおこなおうと考えます。ただ，新田の開発にはお金がかかります。

　そこで，裕福な**町人の資本で新田を開発しよう**とするわけです。これを**町人請負新田**といいます。江戸時代初期において，この町人請負新田は，身分制度を守るために禁止されていましたが，このころになると，そうもいっていられなくなるわけです。

　次に，**年貢の徴収方法を従来の検見法から定免法に変え**ます。検見法とは，その年の収穫高を見てから年貢量を決めるものですが，検見法だと，直前まで年貢量が決まらないことと，年貢量が毎年変わることから，財政が不安定になります。そこで，**豊作・凶作にかかわらず，一定の年貢を徴収する定免法に変え**ることにより，年貢量の安定した確保をめざしたわけです。

　また，幕領における年貢率を従来の**四公六民**（年貢率40％）から**五公五民**（年貢率50％）に変えます。つまり，年貢の比率を増やすわけです。

❯ 経済政策③ —— 米価下落と享保の飢饉

　しかし，ここで1つの問題がおきます。享保の改革により，一時的に年貢量は増加しました。年貢量が増えるのはよいことだと思うかもしれませんが，実は問題がありました。

　年貢量が増えるということは，米の量が多くなりすぎるということです。**米の量が多くなりすぎると，米の値段は下がってしまいます**。米の値段が下がってしまうと，**いくらたくさん米が入ってきたとしても，収入は減ってしまう**ということになるわけです。その結果，幕府の財政は楽にはなりませんでした。

　吉宗は，**大坂の堂島米市場を幕府の公認**にして，米の価格を統制しようとしましたが，うまくいきませんでした。

　しかも，享保の改革の末期には，**うんか**という米につく害虫が西日本に大量発生したのをきっかけに，**享保の飢饉**がおこります。こうして享保の改革は挫折していくわけです。

❯ 政治改革

　吉宗がおこなった政治改革としては，まず，**相対済し令**があります。金銭貸借の問題を当事者間で解決させることにより，裁判事務を簡素化しようとしました。

　次は，**目安箱**です。目安箱は，**人々の意見を投書させるための箱**です。そこで投書された意見が採用され，江戸に病人を治療する施設である②**小石川養生所**などがつくられました。

　足高の制は，旗本の人材登用の制度です。ただし，人材登用にはそれだけの費用がかかります。そこで，吉宗は，人材登用の際に，**その職に在職している間のみ不足分を支給する**ことによって，少ない予算での人材登用をおこなうわけです。足高の制では，吉宗によって**江戸町奉行**に登用されていた**大岡忠相**が，寺社奉行にまで出世します。

　また，裁判や刑罰の基準を定めた**公事方御定書**などを制定して，法整備もおこなっていきます。

❯ 社会・その他

　吉宗は，大岡忠相以外にも，儒学者の**荻生徂徠**や**室鳩巣**，そして農民の**田中丘隅**などを登用します。

　また，海外のすぐれた文化を取り入れるために，キリスト教関係以外の洋書で中国語に翻訳されたものの輸入を許可します（**漢訳洋書輸入の禁の緩和**）。**青木昆陽**や**野呂元丈**などにオランダ語を学ばせたのも，吉宗です。

　吉宗は，米以外にも**甘藷**（サツマイモ）や**甘蔗**（サトウキビ）・**櫨**（ろうそくのロウの原料）・朝鮮人参の栽培を奨励します。とくに，**甘藷については青木昆陽**に栽培させ，普及を実現しました。

022-B 田沼時代

商業資本に注目した田沼意次

　18世紀後期は，前半が**田沼時代**で，後半が寛政の改革です。10代将軍**徳川家治**のもとで力をつけていったのが，側用人の③**田沼意次**です。田沼意次は**側用人**から**老中**に出世していきます。

　徳川吉宗が農業生産に目をつけたのに対して，田沼は商業資本に注目します。

　田沼は，**独占販売権**などを持った**株仲間**という同業者組合を奨励します。その見返りとして**運上・冥加**といった営業税を徴収することによって，財政をうるおそうとします。また，**銅・鉄・真鍮・朝鮮人参**などは，**幕府直営の座を設置**することで，利益を確保していきます。

　続いて，田沼がおこなったのは，**長崎貿易**の奨励です。ただ，長崎貿易を増やすと，金や銀が海外に流出してしまいます。金や銀の流出を防ぐために，貿易の際の支払いを銅や**俵物**といった海産物でおこないました。

　さらに，ロシアとの貿易も計画します。きっかけは，**工藤平助**の『**赤蝦夷風説考**』です。この本に影響された田沼は，**最上徳内**を蝦夷地に派遣して，蝦夷地の開発を進めていきます。

　田沼というと，商業のイメージが強いでしょうが，農業政策もおこなっています。**印旛沼・手賀沼の干拓**（ともに千葉県）です。👆干拓というと，享保の改革の内容のように勘違いしやすいので，気をつけてください。

天明の飢饉で終焉

　田沼時代も，享保の改革と同様，飢饉によって終焉を迎えます。1782年からはじまった④**天明の飢饉**です。天明の飢饉は**東北地方での冷害が原因**でおこった飢饉で，東北地方が被害の中心となります。

　この飢饉の被害は，翌1783年におこった長野県と群馬県にまたがる⑤**浅間山の噴火**によって，ますます拡大しました。これをきっかけとして，**10代将軍家治の死去とともに田沼は失脚**します。

寛政の改革

◆ 飢饉対策と貧民救済

田沼の後を受けて老中となるのが，⑥**松平定信**です。松平定信の政治改革を**寛政の改革**といいます。18世紀末からおこなわれた寛政の改革では，深刻な飢饉がおこっても政治が混乱しないように対策を講じます。まず，飢饉対策として**囲米**を命じます。米の備蓄のために⑦**義倉・社倉**という倉をつくらせます。

また，貧民救済を目的に，**七分積金**とよばれる積み立てをおこなったり，江戸の**石川島**に**人足寄場**をおき，浮浪人や無宿人を強制的に収容しました。

幕府の財政難のあおりを受けていたのが，幕府の家臣である旗本・御家人でした。旗本・御家人の救済のために出されたのが，**棄捐令**です。棄捐令では，**札差**に対して旗本・御家人に貸した金を放棄させました。

◆ 風紀の取り締まり

このころ，飢饉がおこった結果，多くの農民が農村を捨てて江戸に流入していました。このままでは，江戸の治安も悪化しますし，農村も荒廃してしまいます。そこで，⑧**旧里帰農令**を出して，農民の帰農を奨励します。

松平定信は，風紀の取り締まりもおこないます。まず，**寛政異学の禁**を出して，朱子学以外の講義を幕府の学問所でおこなうことを禁止します。また，海防論を唱えた**林子平**の『**海国兵談**』を，人々を惑わすという理由で発売禁止にし，林子平を処罰します。さらに，風紀を乱すという理由で，**山東京伝**を処罰し，著作である『**仕懸文庫**』を発売禁止にしました。

POINT

[寛政の改革]（老中：松平定信）

① 囲米：飢饉対策　　② 義倉・社倉：米の備蓄

③ 七分積金：貧民救済　④ 人足寄場：浮浪人や無宿人を収容

⑤ 棄捐令：札差が旗本・御家人に貸した金を放棄させる

⑥ 旧里帰農令：農民の帰農を奨励

⑦ 寛政異学の禁：朱子学以外の禁止

022-D　文化・文政時代と天保の改革

▶ 文化・文政時代

19世紀前期は，文化・文政時代と**天保の改革**です。**文化・文政時代は，11代将軍徳川家斉の時代**となります。この時代は，放漫政治といって政治の乱れた時代でした。その結果，風俗や治安も乱れてきたため，治安を維持するために**関東取締出役**や**寄場組合**がつくられたりしました。

この放漫政治は，**天保の飢饉**（1832年）により崩壊します。飢饉による不満は，農民だけではなく，都市の住民にも拡大します。1837年には，**大坂町奉行所**の元**与力**で，陽明学者である**大塩平八郎**や，越後（新潟県）の国学者である**生田万**などが反乱をおこします。

▶ 天保の改革

この後，老中に就任するのが，⑨**水野忠邦**です。水野忠邦は，まず，**華美な風俗を禁止**するなど，徹底した質素・倹約を命じました。さらに，上昇していた物価を引き下げるために，**株仲間の解散**を命じますが，失敗します。

農村対策としては，⑩**人返しの法**を出し，農民の帰農を強制します。寛政の改革のときに出された旧里帰農令は帰農を奨励したにすぎず，効果がなかったので，より強制力の強いものとなったわけです。

この時代の対外関係については，本書の[近代・現代]の最初で詳しく扱いますが，**異国船打払令を緩和**して，**薪水給与令**が出されたのも，天保の改革のときです。

最後に，水野忠邦は**上知令**を出します。これは，**江戸・大坂周辺の土地を幕府の直轄地にしようとした**ものですが，人々の反対を受けて失敗し，水野は失脚してしまいます。そして，**水野失脚の10年後**，あの黒船のペリーが浦賀にやってくるわけです。

POINT

[天保の改革]（老中：水野忠邦）

① 倹約令：支出の抑制のため

② 株仲間の解散：物価を下げるため

③ 人返しの法：農民の帰農を強制

④ 薪水給与令：異国船打払令を緩和

⑤ 上知令：江戸・大坂周辺の土地を直轄化

共通テスト演習問題 27

問題

次の文Ⅰ～Ⅲについて，古いものから年代順に正しく配列したものを，下の①～⑥のうちから一つ選べ。

Ⅰ　幕府は，江戸の石川島に人足寄場を設け，無宿人を収容した。

Ⅱ　大坂町奉行所の元与力で，陽明学者の大塩平八郎が乱をおこした。

Ⅲ　幕府は，関東取締出役を設け，犯罪者の取り締まりにあたらせた。

① Ⅰ―Ⅱ―Ⅲ　　② Ⅰ―Ⅲ―Ⅱ　　③ Ⅱ―Ⅰ―Ⅲ

④ Ⅱ―Ⅲ―Ⅰ　　⑤ Ⅲ―Ⅰ―Ⅱ　　⑥ Ⅲ―Ⅱ―Ⅰ

解説

Ⅰの人足寄場は寛政の改革，Ⅱの大塩平八郎の乱とⅢの関東取締出役は文化・文政時代のできごとです。Ⅱの大塩平八郎が乱をおこしたのは，天保の飢饉の後となります。一方，関東取締出役がつくられたのは天保の飢饉の前なので，Ⅰ→Ⅲ→Ⅱの順となります。

解答 ②

📋 共通テスト演習問題 **28**

問題

　享保の改革に関して述べた次の文 a ～ d について，正しいものの組合せを，下の①～④のうちから一つ選べ。

- a　紀伊藩主だった徳川吉宗が将軍となって，改革を進めた。
- b　側用人柳沢吉保が罷免され，譜代大名が重く用いられた。
- c　定免法に代えて検見法が取り入れられ，年貢の増徴がめざされた。
- d　足高の制が設けられ，人材登用が進められた。

① a・c　　　② a・d　　　③ b・c　　　④ b・d

解説

　選択肢をながめると，a・b のいずれか一方のみが正しく，c・d のいずれか一方のみが正しいということがわかります。

　a・b を比較すると，徳川吉宗は享保の改革を進めた8代将軍です。柳沢吉保は5代将軍綱吉のときの側用人で，享保の改革よりもずいぶん前の人です。よって，a が正しいということになります。

　c・d を比較すると，享保の改革では検見法から定免法に改められたので，c は誤りとなり，d が正解となります。

解答　②

23 藩政改革と百姓一揆

023-A 17・18世紀の藩政改革

17世紀

■ **会津藩**（保科正之）
● 朱子学者**山崎闇斎**を招いた
■ **岡山藩**（池田光政）
● 陽明学者**熊沢蕃山**を招いた
● 藩校**花畠教場**，郷校**閑谷学校**を
　設立
■ **水戸藩**（徳川光圀）
● 明の**朱舜水**を招いた
● 江戸の**彰考館**で『**大日本史**』を編
　纂した
■ **加賀藩**（前田綱紀）
● 朱子学者**木下順庵**・本草学者稲
　生若水を招いた

18世紀

■ **熊本藩**（細川重賢）
● 蠟の栽培を奨励した
■ **米沢藩**（**上杉治憲**）
● 米沢織を盛んにした
■ **秋田藩**（**佐竹義和**）
● 藩営を奨励した

023-B 百姓一揆の形態

■ **前期**：① **代表越訴型一揆**
● **義民**による直訴
● 佐倉惣五郎：下総（千葉県）
● 磔茂左衛門：上野（群馬県）
■ **中期**：**惣百姓一揆**
● 百姓が広範囲にわたって蜂起
● 全藩一揆もおこる
　┗藩全体でおこなわれる一揆

■ **後期**：② **村方騒動**
● 貧農が小作料の減免などを求めて
　豪農・村役人を襲撃する
■ **幕末**：③ **世直し一揆**
● 政治的要求を掲げた一揆
■ **打ちこわし**：町人や農民が米市場
　などを襲う
■ ④ **国訴**：在郷商人の指導により，
　株仲間の流通独占に反発した

表解板書

023-C **19世紀の藩政改革**

薩摩藩（鹿児島藩）	長州藩（萩藩）
●調所広郷を登用した ●借財を棚上げした ●奄美三島での**黒砂糖**の専売を強化した ●琉球貿易を増加させた	●村田清風を登用した ●紙・蠟の専売制を強化した ●⑤越荷方をつくり，下関で資金の貸付や委託販売をおこなった
肥前藩（佐賀藩）	その他
●藩主鍋島直正自らによる改革 ●均田制をおこない，本百姓体制の維持をはかった ●陶磁器の専売を強化した ●大砲製造所をつくった	■水戸藩：徳川斉昭が中心 ●藤田東湖・会沢安ら尊王論者を登用した ■土佐藩：おこぜ組を結成し，財政再建をはかった ■宇和島藩・福井藩も改革をおこなった

右側縦書き：原始 — 古墳 — 飛鳥 — 奈良 — 平安 — 鎌倉 — 室町 — 安土桃山 — 江戸 — 明治 — 大正 — 昭和 — 平成

これだけ！ワード（共通テストの用語選択で出る語句）→ ①小田原
これだけ！プチ（共通テスト重要語句）→ 塵芥集
これだけ！フレーズ（共通テスト正誤判断のカギとなるフレーズ）→ 北条氏
ひとこと！アドバイス（得点アップのワンポイント）→ 分国法

223

17・18世紀の藩政改革

> 📣 **藩政改革は3つの時期でとらえる！**
> 　藩政改革については，17世紀・18世紀・19世紀の3つの時期
> に分けて識別できるようにしておきましょう。

▶ 17世紀の藩政改革

　17世紀の藩政改革は，**儒学者**を招いておこなわれました。**会津藩主**(福島県)の**保科正之**は**山崎闇斎**を招き，多くの書物を残しています。**岡山藩主**の**池田光政**は**熊沢蕃山**を招きました。さらに，池田光政は，**花畠教場**という藩校や，**閑谷学校**という**郷校**を設立しました。

　ほかにも，**水戸藩**(茨城県)の**徳川光圀**は，明から亡命した**朱舜水**を迎え入れました。また，徳川光圀は江戸の**彰考館**で『**大日本史**』を編纂します。**加賀藩**(石川県)の**前田綱紀**は儒学者の**木下順庵**や，本草学者である**稲生若水**を招き，学問の振興をはかりました。

▶ 18世紀の藩政改革

　18世紀の藩政改革は，特産品を専売制にして藩財政の再建をはかりました。**熊本藩**の**細川重賢**は蠟の専売を，**米沢藩**(山形県)の**上杉治憲**は米沢織の専売を奨励します。また，**秋田藩**の**佐竹義和**は，藩営を奨励しました。

023-B 百姓一揆の形態

📢 **百姓一揆は時期別におさえる！**

百姓一揆の形態については，江戸前期（17世紀）・江戸中期（18世紀）・江戸後期（19世紀），そして幕末と4つに分かれます。

⟩ 江戸前期の百姓一揆

まず，江戸前期の一揆は①**代表越訴型一揆**です。代表越訴型一揆とは，村人の代表者が直訴をおこなう一揆です。このように直訴をおこなう村の代表者を，**義民**といいます。

直訴は，おこなっただけで死罪になりますから，それこそ，義民は村のために自分の命を捨てたわけです。下総(千葉県)の佐倉惣五郎は，藩主の悪政を将軍家綱に直訴し，年貢減免の要求を通すことができましたが，死罪に処せられています。

⟩ 江戸中期の百姓一揆

江戸中期になると，**惣百姓一揆**になります。江戸前期のように，義民が犠牲になって目的をとげる一揆ではなく，**村民全体でおこす一揆**です。さらに，藩全体でおこなわれる**全藩一揆**もおこります。

⟩ 江戸後期の百姓一揆

江戸後期になると，村の内部での対立もうまれます。それが②**村方騒動**です。貧農が小作料の減免を求めて，豪農や村役人を襲撃するものです。

⟩ 幕末の百姓一揆と国訴

幕末になると，政治的要求を掲げた③**世直し一揆**もおきてきます。

最後に，④**国訴**について説明しておきましょう。国訴は，在郷商人の指導により，**大坂の株仲間の流通独占に反発しておこされた訴訟**のことで，一揆とは少し様相がちがってきます。

023-C 19世紀の藩政改革

> 🔖 **藩政改革で力をつけた藩**
>
> 　19世紀に藩政改革をおこなったのは，薩摩藩(鹿児島県)・長州藩(山口県)・土佐藩(高知県)・肥前藩(佐賀県)，そして水戸藩(茨城県)です。つまり，幕末に活躍した藩ということです。この時期に，藩政改革で藩の財政を立て直しできたからこそ，幕末に，倒幕をおこなえるだけの勢力を持てるようになったわけです。

▶ 薩摩藩

　薩摩藩(鹿児島藩)は**調所広郷**を登用します。調所広郷は，三都の商人からの薩摩藩の膨大な借金を棚上げにしました。さらに奄美三島で**黒砂糖の専売を強化**したり，琉球貿易を増加させたりして，藩の財政を立て直しました。

▶ 長州藩

　長州藩(萩藩)は**村田清風**を登用しました。村田清風は，紙・蠟の専売を強化したり，下関を通る船を相手に商売をする⑤**越荷方**をつくるなどして，藩の財政を立て直しました。

▶ 肥前藩

　肥前藩(佐賀藩)は，藩主である**鍋島直正**自らが藩政改革をおこないました。**均田制**をおこなって本百姓体制の維持をはかったり，農村の復興に重点をおいた政策をおこないました。また，反射炉を備えた**大砲製造所**を設けて，洋式の軍備工業を導入しようとしました。

▶ その他の藩

　水戸藩や**土佐藩・宇和島藩**(愛媛県)・**福井藩**といった藩も藩政改革をおこないます。このように，藩政改革に成功した藩を**雄藩**といいます。

目 **共通テスト演習問題 29**

問題

問1 次の文 a ～ d について，正しいものの組合せを，下の①～④のうちから一つ選べ。

a 商品経済の発達とともに，在郷商人の活動が盛んになった。

b 商品経済の発達とともに，札差とよばれる村役人の金融活動が盛んになった。

c 質流れにより，土地を大規模に集積する地主が現れた。

d 質流れにより，領地を集積する旗本・御家人が増えた。

① a・c　　② a・d　　③ b・c　　④ b・d

問2 幕末の民衆運動に関して述べた次の文 X・Y について，その正誤の組合せとして正しいものを，下の①～④のうちから一つ選べ。

X 佐倉惣五郎が，年貢減免を求めて将軍徳川家茂に直訴した。

Y 「世直し」を唱える一揆や打ちこわしがおこった。

① X―正　　Y―正　　② X―正　　Y―誤
③ X―誤　　Y―正　　④ X―誤　　Y―誤

解説

問1 b 「札差」は村役人ではなく，旗本・御家人の俸禄を換金する業務であったため，誤り。

d 「質流れ」で得をするのは，旗本・御家人よりも豪農なので，誤り。

解答 ①

問2 X 佐倉惣五郎のように年貢減免を求めて直訴する代表越訴型一揆は，江戸時代初期の一揆。

Y 幕末には「世直し」を唱えて一揆や打ちこわしがおこったので，正しい。

解答 ③

24 江戸時代の文化

024-A 江戸初期の文化

美術	工芸
■①**狩野派** ●狩野探幽：「大徳寺方丈襖絵」 └幕府の御用絵師 ●久隅守景：「夕顔棚納涼図屏風」 ■装飾画 　俵屋宗達：「**風神雷神図屏風**」 ■その他：「彦根屏風」	■本阿弥光悦：「**舟橋蒔絵硯箱**」 ●鷹ヶ峰(京都市)に芸術村をつくる ■酒井田柿右衛門：「色絵花鳥文深鉢」 　有田焼・赤絵の技法を創始 ■楽焼：京都でおこなわれた ■お国焼(有田焼・萩焼など)

建築	
■②**権現造**：日光東照宮 └徳川家康をまつる ■数寄屋造：桂離宮・修学院離宮 └茶室建築と書院造の融合	

024-B 元禄文化

人形浄瑠璃

■近松門左衛門(京都)：
『曽根崎心中』(世話物)
『国性(姓)爺合戦』(時代物)
③**竹本義太夫**(大坂)：
義太夫節を演じた

歌舞伎

■坂田藤十郎
(上方・和事の名手)
芳沢あやめ(上方・女形の名手)
■④**市川団十郎**
(江戸・荒事の名手)

絵画

■住吉派：**住吉如慶**・住吉具慶
└幕府の御用絵師
■土佐派：土佐光起
└朝廷絵師
■尾形光琳：「**紅白梅図屏風**」・
「**八橋蒔絵螺鈿硯箱**」
●俵屋宗達の影響を受け，琳派
を開く
■菱川師宣：「**見返り美人図**」
└肉筆画
浮世絵版画の創始

工芸	■野々村仁清：「色絵吉野山図茶壺」 　↳京焼の祖 ■尾形乾山 　↳尾形光琳の弟	俳諧	■松永貞徳：貞門派（滑稽） ■西山宗因：談林派（奇抜） ■松尾芭蕉 ●蕉風俳諧（幽玄閑寂） ●⑤『奥の細道』『笈の小文』
文学	■浮世草子 　井原西鶴（大坂の町人） 　好色物・武家物・町人物		

024-C　江戸後期の文化

人形浄瑠璃	宝 竹田出雲：『仮名手本忠臣蔵』 近松半二：『本朝廿四孝』 宝 唄浄瑠璃：新内節・清元節・常磐津節など	文学	宝 ⑦洒落本：山東京伝 化 滑稽本：十返舎一九 式亭三馬：『浮世風呂』 化 人情本 為永春水：『春色梅児誉美』 宝 黄表紙 恋川春町：『金々先生栄花夢』 化 合巻 柳亭種彦：『偐紫田舎源氏』 化 ⑧読本：上田秋成 曲亭馬琴：『南総里見八犬伝』
歌舞伎	化 鶴屋南北：『東海道四谷怪談』 化 河竹黙阿弥：『白浪五人男』		
浮世絵	宝 鈴木春信：⑥錦絵を創始した 宝 大首絵： 喜多川歌麿・東洲斎写楽 化 葛飾北斎：「富嶽三十六景」 化 歌川広重：「東海道五十三次」	歌	■俳諧： 宝 与謝蕪村 化 小林一茶：『おらが春』 宝 ⑨川柳：柄井川柳 化 ⑩狂歌：大田南畝
絵画	宝 写生画：円山応挙（円山派）・呉春（四条派） 宝 文人画：池大雅・与謝蕪村 宝 洋風画： 亜欧堂田善・平賀源内 宝 銅版画：司馬江漢		

宝…宝暦・天明期の文化

化…化政文化

🔍 江戸初期の文化の図や絵はこれだけ！

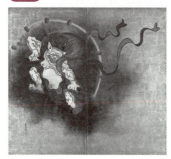

↑「風神雷神図屏風」（俵屋宗達）

↑日光東照宮陽明門

🔍 元禄文化の図や絵はこれだけ！

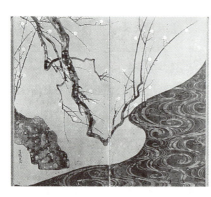

←「紅白梅図屏風」
（尾形光琳）

「見返り美人図」→
（菱川師宣）

🔍 江戸後期の文化の図や絵はこれだけ！

↑東海道五十三次（歌川広重）

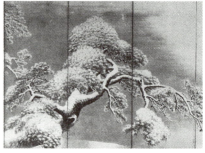

↑「雪松図屏風」（円山応挙）

230

024-A 江戸初期の文化

🔖 **江戸初期の文化は桃山文化との対比で！**
　江戸初期の文化は，桃山文化との対比でおさえるといいです。この単元を学ぶ前に，もう一度桃山文化をおさらいしておくとよいでしょう。とりわけ，絵画と建築に関しては，桃山文化か江戸初期の文化かを識別できるようにしておくことが大切です。

❯ 狩野派と装飾画

　江戸時代初期の美術でおさえるべきものは，①**狩野派**(かのう)と**装飾画**です。狩野派は桃山文化のときに最盛期を迎えましたね（▷p.181）。江戸時代になると，狩野派は幕府のお抱えになりますが，以前のような勢いはなくなります。

　それに代わって出てくるのが，装飾画です。**俵屋宗達**(たわらやそうたつ)の「**風神雷神図屏風**」(ふうじんらいじんずびょうぶ)が代表作です。

❯ 権現造と数寄屋造

　建築についてもおさえるべきものは2つ，権現造(ごんげんづくり)と数寄屋造(すきやづくり)です。権現造の「権現」(ごんげん)とは，徳川家康(いえやす)のことをさします。②**権現造**の代表である**日光東照宮**(にっこうとうしょうぐう)(栃木県)は，徳川家康をまつったものです。**数寄屋造**は，茶室建築と書院造(しょいんづくり)を融合させたものです。桂離宮(かつらりきゅう)や修学院離宮(しゅがくいんりきゅう)(いずれも京都市)が代表的です。

❯ 工芸と陶磁器

　江戸時代初期の代表的な芸術家に**本阿弥光悦**(ほんあみこうえつ)がいます。彼は京都の鷹ヶ峰(たかがみね)に芸術村をつくります。本阿弥光悦で間違えやすいのが，彼の作の「**舟橋蒔絵硯箱**」(ふなはしまきえすずりばこ)です。これは，この後に🖐**元禄文化で出てくる尾形光琳の**(おがたこうりん)「**八橋蒔絵螺鈿硯箱**」(やつはしまきえらでんすずりばこ)と混同しやすいので，気をつけてください。

　最後に陶磁器(とうじき)についてですが，陶磁器でおさえておきたいものは3つ。有田焼(ありたやき)と楽焼(らくやき)とお国焼(くにやき)です。**有田焼**は**酒井田柿右衛門**(さかいだかきえもん)，**楽焼**は京都の焼き物，**お国焼**は各地の焼き物となります。

> 🔍 **元禄文化以降，文化の担い手は商人に移る！**
>
> 　元禄文化は，17世紀末から18世紀前半にかけての上方(大坂・京都)を中心とした文化です。元禄文化以降の文化は，商人が文化の担い手となっていきます。

👉 人形浄瑠璃と歌舞伎

　元禄文化のころになると，**人形浄瑠璃**がうまれ，**歌舞伎**がブームになります。元禄文化の人形浄瑠璃で，重要な人物は2人います。**近松門左衛門**と③**竹本義太夫**です。近松門左衛門は脚本家で，竹本義太夫がそれを歌って語ります。竹本義太夫がはじめた独特の節回しを**義太夫節**といいます。

　歌舞伎は，桃山時代に**出雲阿国**(▷p.181)がはじめましたね。そのころは**女歌舞伎**といって，女性が舞い踊るものでしたが，風紀を乱すとして幕府に禁止されました。その後，元服前の男性が演じる**若衆歌舞伎**が出てきますが，これも幕府に禁止され，成人男性が中心となる**野郎歌舞伎**になっていきます。

　元禄文化の時代には，歌舞伎の人気役者が次々と出てきます。元禄文化は上方の文化なので，人気役者も上方の役者が中心になります。**坂田藤十郎**と**芳沢あやめ**が上方の役者です。👉「大坂―坂田」としりとりにしておさえておくとよいでしょう。江戸の役者は④**市川団十郎**が有名です。

👉 装飾画と浮世絵の創始

　次は絵画です。元禄文化の絵画も，江戸時代初期の文化と同様，2つの流れがあります。まずは，江戸時代初期に俵屋宗達が形成した装飾画の流れで，その代表的な画家は**尾形光琳**です。尾形光琳は俵屋宗達の影響を受けて，**琳派**を開きます。代表的な絵画に「**紅白梅図屏風**」があり，工芸品には，さきほども出てきた「**八橋蒔絵螺鈿硯箱**」があります。

　もう1つは，浮世絵の流れです。元禄時代に**浮世絵版画**を創始したのが**菱川師宣**です。👉菱川師宣の代表作である「見返り美人図」が 📙**共通テスト演習問題㉚** にあります。写真を見てわかるようにしておいてください。

❯ 浮世草子と俳諧

　文学について，元禄時代は浮世草子と俳諧の2つをおさえておきましょう。**浮世草子**の代表的な作家は**井原西鶴**で，上方の町人を題材とした作品を残しました。

　俳諧については，**松永貞徳**の**貞門派**，**西山宗因**の**談林派**がありますが，これらは滑稽さや奇抜さを追求したものでした。この俳諧を芸術の域にまで高めたのが，**松尾芭蕉**です。芭蕉は幽玄閑寂をもととする蕉風俳諧を確立し，⑤『**奥の細道**』や『**笈の小文**』など，さまざまな作品を残しました。

024-C # 江戸後期の文化

🔖 **宝暦・天明期の文化と化政文化を識別！**

　江戸後期の文化は，江戸を中心とした文化です。18世紀半ばから後半にかけての文化を宝暦・天明期の文化，19世紀前半の文化を化政文化といいます。

❯ 人形浄瑠璃と歌舞伎

　江戸時代後期になると，人形浄瑠璃と歌舞伎は，洗練された脚本がうまれてさらに進化します。**宝暦・文明期**に，浄瑠璃では**竹田出雲**の『**仮名手本忠臣蔵**』と近松半二の『**本朝廿四孝**』がうまれます。**化政文化**になると，歌舞伎では**鶴屋南北**の『**東海道四谷怪談**』や**河竹黙阿弥**の『**白浪五人男**』が登場します。河竹黙阿弥は，幕末から明治にかけて活躍した人物です。

❯ 浮世絵と絵画

　江戸時代後期には，**浮世絵**が全盛を迎えます。そのきっかけとなったのが，宝暦・天明期の**鈴木春信**による⑥**錦絵**の創始です。これは多色刷り，つまりオールカラーの版画のことです。錦絵が開発されてから，浮世絵はものすごいブームになります。その後，**大首絵**といって，顔をクローズアップした浮世絵が描かれます。代表的な作家は，**喜多川歌麿**と**東洲斎写楽**です。

　化政文化になると，風景などを題材とした非常に芸術的な作品も描かれます。

原始 ― 古墳 ― 飛鳥 ― 奈良 ― 平安 ― 鎌倉 ― 室町 ― 安土桃山 ― 江戸 ― 明治 ― 大正 ― 昭和 ― 平成

代表作は葛飾北斎の「富嶽三十六景」と，歌川広重の「東海道五十三次」です。☞これらも，写真を見て作品が識別できるようにしておいてください。

　宝暦・天明期には，浮世絵以外の絵画もうまれてきます。まずは，写実を重視した写生画です。円山応挙と呉春が代表的作家です。次に，文化人が描く文人画です。池大雅・与謝蕪村・渡辺崋山などの作品が残されています。そして，西洋の文化の流入がはじまり，絵画でも平賀源内の描く洋風画（「西洋婦人図」）や，司馬江漢による銅版画などがうまれてきます。

❷ 洒落本や滑稽本に特徴

　江戸時代後期には，さまざまな文学がうまれました。宝暦・天明期には，寛政の改革で処罰された山東京伝を中心とした⑦洒落本，化政文化には，天保の改革で処罰された為永春水を中心とした人情本，同じく天保の改革で処罰された柳亭種彦を中心とした合巻があります。☞それぞれの人物がどの改革で処罰されたのかもセットにしておさえてください。

　ほかにも，『東海道中膝栗毛』の十返舎一九と『浮世風呂』の式亭三馬を代表とする滑稽本，上田秋成や『南総里見八犬伝』の曲亭馬琴を代表とする⑧読本などがつくられました。

　俳諧は，宝暦・天明期の与謝蕪村と化政文化の小林一茶が代表的な人物です。☞『おらが春』といえば小林一茶が思いうかぶようにしてください。また，宝暦・天明期には柄井川柳が⑨川柳をはじめ，化政文化のころには大田南畝が中心となって⑩狂歌が流行します。

　最後に，鈴木牧之の『北越雪譜』をおさえておきましょう。書名からわかるように，越後（新潟県）を中心とした雪国の様子を伝えた随筆です。

📖 共通テスト演習問題 30

問題

　幕藩体制が確立して社会が安定すると，文化は新たな展開をみせた。ⓐ古典や自然科学の研究では，実証的，合理的な探求がなされた。

　18世紀後半から19世紀初めになると，文化の中心は次第に上方から江戸へ移っていき，学問・文芸・ⓑ絵画などの各分野で成果が現れた。

問1　下線部ⓐに関して，江戸時代の学問について述べた文として**誤って**
　　いるものを，次の①〜④のうちから一つ選べ。

　①　吉田光由が『塵劫記』を著し，和算の普及に寄与した。

　②　中国の暦を訂正した貞享暦が作成された。

　③　北村季吟は，日本の古典を収集して，『群書類従』を編纂した。

　④　動物や薬草などの研究をおこなう本草学が発達した。

問2　下線部ⓑに関連して，次の**甲・乙**に関して述べた文 a 〜 d について，
　　正しいものの組合せを，下の①〜④のうちから一つ選べ。

甲　　　　乙　

　a　**甲**の作者は，錦絵をはじめたといわれる。

　b　**甲**の作者は，浮世絵版画をはじめたといわれる。

　c　**乙**は東洲斎写楽の作品である。

　d　**乙**は喜多川歌麿の作品である。

　①　a・c　　　②　a・d　　　③　b・c　　　④　b・d

解説

問1　③の北村季吟は，幕府の歌学方として登用された人物。『群書類従』は塙
　　保己一の著です。

解答　③

問2　**甲**は菱川師宣の「見返り美人図」，**乙**は喜多川歌麿の「婦女人相十品」。
　　a　錦絵をはじめたのは鈴木春信です。
　　b　菱川師宣は浮世絵版画の創始者です。

解答　④

025-A 元禄時代の学問

朱子学		朱子学以外の儒学	
京学 （きょうがく）	■**藤原惺窩**（せいか）：相国寺（しょうこくじ）の僧 ①**林羅山**（らざん）：徳川家康（いえやす）につかえる →『**本朝通鑑**』（ほんちょうつがん）（林羅山・林鵞峰（がほう）） ■林鳳岡（ほうこう）：大学頭（だいがくのかみ）・湯島聖堂（ゆしませいどう） ■**柴野栗山**（しばのりつざん）：寛政の三博士（かんせいのさんはかせ） ■**松永尺五**（まつながせきご）：藤原惺窩の弟子 ■**木下順庵**（じゅんあん）：加賀藩主前田綱紀（つなのり） につかえる ■新井白石（はくせき）：6代将軍家宣（いえのぶ）・7代 将軍家継（いえつぐ）の侍講（じこう） ■室鳩巣（むろきゅうそう）：8代将軍徳川吉宗（よしむね）の 侍講 ■尾藤二洲（びとうじしゅう）：寛政の三博士	**陽明学** （ようめいがく）	③**中江藤樹**（とうじゅ）：日本陽明学（ようめいがく）の 祖で，近江聖人（おうみせいじん）とよばれる ■熊沢蕃山（くまざわばんざん）：『**大学或問**』（わくもん）を著 して処罰される
		古学派 （こがくは）	■**聖学**（せいがく） ●山鹿素行（やまがそこう）：『**聖教要録**』（せいきょうようろく）を著し て処罰される ■**古義学派**（こぎがく）（堀川学派（ほりかわ）） **伊藤仁斎**（じんさい）・伊藤東涯（とうがい） ■**古文辞学派**（こぶんじ） ●荻生徂徠（おぎゅうそらい）：④『**政談**』（せいだん）を著す ●太宰春台（だざいしゅんだい）：⑤『**経済録**』を著す
南学 （なんがく）	■南村梅軒（ばいけん）：南学（なんがく）（海南学派）の 祖（そ）とされる ■谷時中（じちゅう） ②**山崎闇斎**（あんさい）： **垂加神道**（すいかしんとう）を創始 ■岡田寒泉（かんせん）：寛政の三博士 （→後にはずれる） ■古賀精里（せいり）：後に寛政の三博士	**その他の学問**	■**本草学**（ほんぞうがく） 貝原益軒（かいばらえきけん）：『**大和本草**』（やまとほんぞう） ●**稲生若水**（いのうじゃくすい）：『**庶物類纂**』（しょぶつるいさん） ■**和算**（わさん） ●吉田光由（みつよし）：『**塵劫記**』（じんこうき） ●関孝和（たかかず）：和算の大成者 ■国学（こくがく） ●契沖（けいちゅう）：『**万葉代匠記**』（まんようだいしょうき）

025-B 江戸後期の学問

国学

- 宝 荷田春満(かだのあずままろ)：『創学校啓(そうがくこうけい)』を著す
- 宝 賀茂真淵(かものまぶち)：『万葉集(まんようしゅう)』の研究
- 宝 ⑦**本居宣長(もとおりのりなが)**：日本古来の精神
  『**古事記伝(こじきでん)**』『**玉勝間(たまかつま)**』
- 宝 塙保己一(はなわほきいち)：『**群書類従(ぐんしょるいじゅう)**』
- ●和学講談所を開く
- 化 平田篤胤(ひらたあつたね)：**復古神道(ふっこしんとう)**を唱えた
- 化 水戸学：尊王攘夷論(そんのうじょういろん)

蘭学

- 宝 杉田玄白(すぎたげんぱく)・前野良沢(まえのりょうたく)：
  『**解体新書(かいたいしんしょ)**』
- 宝 杉田玄白：『蘭学事始(らんがくことはじめ)』
- 宝 ⑧**大槻玄沢(おおつきげんたく)**：『**蘭学階梯(らんがくかいてい)**』
- ●芝蘭堂(しらんどう)を開く
- ●オランダ正月(太陽暦正月(たいようれき))を
  はじめる
- 宝 ⑨**稲村三伯(いなむらさんぱく)**：
  『**ハルマ和解(わげ)**』

実学

- 宝 心学(しんがく)：町人の道徳を説いた
- ●⑩**石田梅岩(いしだばいがん)**・手島堵庵(てしまとあん)
- 化 ⑪**志筑忠雄(しづきただお)**：『**暦象新書(れきしょうしんしょ)**』(万有引力説や地動説を紹介する)・
  「**鎖国論(さこくろん)**」
- 化 伊能忠敬(いのうただたか)：
  『大日本沿海輿地全図(だいにほんえんかいよちぜんず)』
- 化 蛮書和解御用(ばんしょわげごよう)(高橋景保(たかはしかげやす))
- ●洋書の翻訳にあたる

学校

- ■藩校(はんこう)：城下町におかれた
- ■郷校(ごうこう)：農村におかれた
- ■寺子屋(てらこや)：庶民(しょみん)教育
- ■咸宜園(かんぎえん)(豊後(ぶんご))：広瀬淡窓(たんそう)
- 宝 ⑫**懐徳堂(かいとくどう)**(大坂)：町人が設立
- 化 蘭学塾(らんがくじゅく)
- ●鳴滝塾(なるたきじゅく)(長崎)：シーボルト
- ●⑬**適々斎塾(てきてきさいじゅく)**(大坂)：緒方洪庵(おがたこうあん)
- ■松下村塾(しょうかそんじゅく)(萩(はぎ))：吉田松陰(よしだしょういん)

社会批判の思想

- 宝 安藤昌益(あんどうしょうえき)：⑭『**自然真営道(しぜんしんえいどう)**』で身分制を批判
- 化 海保青陵(かいほせいりょう)：『稽古談(けいこだん)』
- 化 佐藤信淵(さとうのぶひろ)：『経済要録(けいざいようろく)』で産業の国営化や貿易の振興を説いた
- 化 ⑮**本多利明(ほんだとしあき)**：『**西域物語(せいいきものがたり)**』で海外貿易の必要を説いた

宝 …宝暦・天明期の文化

化 …化政文化

元禄時代の学問

🔊 **文化は内容を理解しながら整理する！**

　本書で扱う前近代（古代・中世・近世）のラストは，江戸時代の学問・教育です。くり返しになりますが，文化で大切なのは「名前だけ覚えていてはダメ」ということです。それぞれの文化財の歴史的意味を理解しながらマスターしましょう。

❯ 儒学 —— 朱子学と朱子学以外

　元禄時代の学問の中心は儒学です。**儒学**は大きく，**朱子学**と朱子学以外の儒学に分けることができます。さらに，朱子学は**京学**と**南学**に，朱子学以外の儒学は**陽明学**と**古学派**に分けることができます。さらに，古学派は**聖学**と**古義学派**と**古文辞学派**に分けることができます。

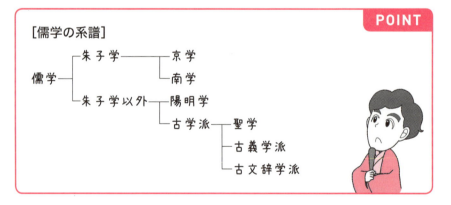

POINT

[儒学の系譜]

```
        ┌ 朱子学 ──────┬ 京学
        │               └ 南学
儒学 ───┤
        └ 朱子学以外 ──┬ 陽明学
                        └ 古学派 ──┬ 聖学
                                    ├ 古義学派
                                    └ 古文辞学派
```

❯ 朱子学 —— 京学と南学

　まずは，朱子学の中の京学からです。**京学の祖は藤原惺窩**です。藤原惺窩の代表的な弟子は2名で，①**林羅山**と**松永尺五**です。京学は，林羅山と松永尺五から，2つの流派に分かれます。

　林羅山は徳川家康につかえ，子の**林鷲峰**とともに，『**本朝通鑑**』という歴史書を編纂します。**林羅山の孫の林鳳岡が大学頭になったことは，**文治政治のと

ころ（▷p.200）で扱いましたね。

次は，**松永尺五**の流派です。松永尺五の弟子が**木下順庵**です。17世紀の藩政改革のところ（▷p.224）でも出てきた，加賀（石川県）の**前田綱紀**につかえます。この系統は，正徳の政治の**新井白石**や，8代将軍吉宗の侍講になった**室鳩巣**のように，政治の分野で活躍する人たちが登場するのが特徴です。

POINT

［京学の系譜］

藤原惺窩 ┬ 林羅山 ── 林鷲峰 ── 林鳳岡
　　　　└ 松永尺五 ── 木下順庵 ┬ 新井白石
　　　　　　　　　　　　　　　　└ 室鳩巣

最後に，南学ですが，**南学の祖**とされるのは南村梅軒です。南学を江戸時代になって有名にしたのが，谷時中と②**山崎闇斎**です。山崎闇斎は，神道と朱子学を融合します。これが**垂加神道**です。

❯ 朱子学以外の儒学 —— 陽明学と古学派

朱子学以外の儒学については，陽明学と古学派があります。まずは，陽明学ですが，日本における**陽明学の祖**は③**中江藤樹**です。そして，中江藤樹の弟子が**熊沢蕃山**です。熊沢蕃山は『**大学或問**』を著し，幕政を批判したため処罰を受けます。

続いては，古学派です。**古学派**とは，直接孔子・孟子の教えに立ち返るべきだと主張する学派です。**古学派**は，**聖学**と**古義学派**と**古文辞学派**に分かれます。

聖学は，**山鹿素行**が『**聖教要録**』を著し，朱子学を批判したため，熊沢蕃山と同様に処罰を受けます。このように，朱子学以外の儒学は，処罰の対象となっていくわけです。

次は**古義学派**で，**伊藤仁斎・東涯**父子が京都ではじめました。

最後は**古文辞学派**です。まず最初に出てくるのが，④『**政談**』を著した**荻生徂徠**です。荻生徂徠は，『**政談**』で武士土着論を説き，**武士が農村を直接支配**することを奨励しました。荻生徂徠は8代将軍吉宗に登用されます。朱子学者でないのに幕府に登用されたというところが重要です。また，荻生徂徠の門下では，**太宰春台**の⑤『**経済録**』が重要です。

❯ その他の学問

　元禄時代の学問は，開国以前なので，すべて西洋の影響を受けていない学問です。まずは薬草について学ぶ**本草学**です。本草学者は，**貝原益軒**と『**庶物類纂**』を著した⑥**稲生若水**をおさえておくとよいでしょう。

　数学についても，日本独自の**和算**がおこなわれていました。『**塵劫記**』を著した**吉田光由**や，和算の大成者である**関孝和**をおさえておいてください。また，**契沖**は『**万葉集**』の研究をおこない，『**万葉代匠記**』を著します。

[儒学以外の学問]

本草学：貝原益軒，稲生若水『庶物類纂』

和算：吉田光由『塵劫記』，関孝和

国学：契沖『万葉代匠記』

POINT

025-B 江戸後期の学問

▶ 国学

　江戸時代後期の学問は，国学と蘭学がメインとなります。**国学**とは，中国文化の影響を受ける前に日本人本来の心があると主張した学問のことです。ですから，国学では，『万葉集』や『古事記』といった，中国の影響を比較的受けていない作品を研究します。

　宝暦・天明期には，荷田春満の弟子である**賀茂真淵**が『万葉集』を研究しました。賀茂真淵の弟子の⑦**本居宣長**は『古事記』の研究をおこない，『**古事記伝**』を著しました。**塙保己一**は和漢の書物の研究をおこない，『**群書類従**』を編修しました。

　化政文化のころには，**平田篤胤**が日本古来の神道の復興を唱えました。これを**復古神道**といいます。また，水戸藩で『大日本史』を編纂していた人たちを中心に，水戸学がうまれます。彼らは，朝廷を重んじ外国を排斥していくという**尊王攘夷**の考えを唱え，幕末に大きな影響を与えます。宝暦・天明期に尊王論を唱えて処罰された人物として，明和事件の**山県大弐**，宝暦事件の**竹内式部**などがいます。

▶ 蘭学

　蘭学とはオランダの学問をさします。8代将軍吉宗が漢訳洋書の輸入制限を緩和した(▷p.216)ことをきっかけとして，**宝暦・天明期**に蘭学が発達しました。**杉田玄白**と**前野良沢**は，解剖の書を翻訳した『**解体新書**』を著します。また，杉田玄白は，翻訳の際に苦労した体験を『**蘭学事始**』にまとめました。

　杉田玄白と前野良沢に師事したのが⑧**大槻玄沢**です。大槻玄沢は蘭学の入門書である『**蘭学階梯**』を著したり，蘭学塾である**芝蘭堂**を開いたりします。そして，⑨**稲村三伯**は，オランダ語の辞書である『**ハルマ和解**』を著します。

▶ 実学

　宝暦・天明期では，町人の道徳を説いた**心学**をおさえておくとよいでしょう。心学は京都の⑩**石田梅岩**が創始しました。

　化政文化になると，⑪**志筑忠雄**が登場します。志筑忠雄は地動説を紹介した『**暦象新書**』を著した以外に，ケンペルの『**日本誌**』を翻訳して，そこで「**鎖国**」という言葉を使ったことで有名です。

　そのほかに，『**大日本沿海輿地全図**』を完成させた**伊能忠敬**や，洋書の翻訳にあたった**蛮書和解御用**の高橋景保がいます。

▶ 社会思想の発展

　社会思想が発展するのも，江戸時代後期の特徴です。**宝暦・天明期**には，**安藤昌益**が⑭『**自然真営道**』で身分制を強く批判し，万人が自ら耕作する社会を理想としました。**化政文化**になると，『**経済要録**』で産業の国営化や貿易の振興を説いた**佐藤信淵**や，『**西域物語**』で海外貿易の必要を説いた⑮**本多利明**もおさえておいてください。

▶ 学校と私塾

　最後は，学校・私塾です。まず，藩が運営していた学校は，**藩校と郷校**です。藩校は**城下町**に，郷校は**農村**におかれました。庶民教育機関としては，「読み・書き・そろばん」を教える**寺子屋**がありました。寺子屋のお陰で，当時の日本人の識字率は世界最高水準だったといわれています。

　次に，私塾です。☞私塾については場所が大切になります。

　宝暦・天明期に大坂の町人が設立した塾が，⑫**懐徳堂**です。**化政文化**のころには，蘭学塾もうまれました。シーボルトが長崎に開いた**鳴滝塾**や，緒方洪庵が大坂に開いた⑬**適々斎塾**などです。適々斎塾では，大村益次郎や福沢諭吉など，幕末・明治期に活躍した人々が多く学びました。

　適々斎塾と同様，幕末に活躍した人が多く学んだ私塾には，**吉田松陰**が教えた長州の萩（山口県）の**松下村塾**があります。松下村塾では，高杉晋作・久坂玄瑞・伊藤博文・山県有朋などが学びました。

共通テスト演習問題 31

問題

　江戸幕府や藩は，忠孝・礼儀を重視し，儒学による教育を奨励するなど民衆教化にもつとめた。例えば将軍徳川吉宗は，儒教の徳目を説いた書を_ⓐ儒学者につくらせ，寺子屋での手習い本として刊行させている。幕藩体制が確立して社会が安定すると，文化は新たな展開をみせた。_ⓑ古典や自然科学の研究では，実証的，合理的な探求がなされ，美術や芸能では現実的で華麗なものが現れた。

　また，江戸時代には，旅の隆盛によって，旅行案内書や特産物の紹介書などとともに，_ⓒ旅や各地の暮らしに関連したさまざまな文芸作品がうみ出された。

問1　下線部ⓐに関連して，近世の儒学者に関して述べた次の文Ⅰ～Ⅲについて，古いものから年代順に正しく配列したものを，下の①～⑥のうちから一つ選べ。

　Ⅰ　幕府は儒学者に，歴史書『本朝通鑑』を編纂させた。
　Ⅱ　幕府は朱子学を正学と定め，柴野栗山らを儒官に任命した。
　Ⅲ　荻生徂徠は，『政談』を著して統治の具体策を説いた。

　①　Ⅰ－Ⅱ－Ⅲ　　②　Ⅰ－Ⅲ－Ⅱ　　③　Ⅱ－Ⅰ－Ⅲ
　④　Ⅱ－Ⅲ－Ⅰ　　⑤　Ⅲ－Ⅰ－Ⅱ　　⑥　Ⅲ－Ⅱ－Ⅰ

問2　下線部ⓑに関して，江戸時代の学問について述べた文として**誤っているもの**を，次の①～④のうちから一つ選べ。

　①　吉田光由が『塵劫記』を著し，和算の普及に寄与した。
　②　中国の暦を訂正した貞享暦が作成された。
　③　林鵞峰は，日本の古典を収集して，『群書類従』を編修した。
　④　動物や薬草などの研究を行う本草学が発達した。

問3　下線部ⓒに関して述べた次の文X・Yと，その作者名a〜dとの組合せとして正しいものを，下の①〜④のうちから一つ選べ。

　X　『東海道中膝栗毛』は，庶民の旅を題材にした話である。

　Y　『北越雪譜』には，雪国の生活や自然が描かれている。

　a　十返舎一九　　　　b　鶴屋南北
　c　鈴木牧之　　　　　d　一茶（小林一茶）

①　X—a　　　Y—c　　　②　X—a　　　Y—d
③　X—b　　　Y—c　　　④　X—b　　　Y—d

解説

問1　この問題も，年号を覚えていなくても解くことは可能です。Ⅰの『本朝通鑑』の編纂は，江戸時代がはじまったころのできごと。Ⅲの『政談』を著した荻生徂徠は，8代将軍徳川吉宗に登用された人物，Ⅱの朱子学を正学と定めたのは，18世紀末の寛政の改革の寛政異学の禁なので，②が正解です。

解答　②

問2　『群書類従』を編修したのは塙保己一です。ただ，このことを知らなくても，林鵞峰は朱子学者です。日本の古典を研究する国学の人物ではありません。よって，③が誤りではないかと推測できます。

解答　③

問3　X　『東海道中膝栗毛』は十返舎一九の作品です。仮にこのことを知らなくても，鶴屋南北は歌舞伎の脚本家なのでジャンルがちがうということで，誤りであることがわかります。
　　　Y　『北越雪譜』の作者は鈴木牧之です。仮にこのことを知らなくても，『北越雪譜』が随筆であるということを知っていれば，小林一茶が俳諧の人物であるというところから，該当しないとわかります。

解答　①

前近代［古代・中世・近世］はこれで終わりです。
ここまでよく頑張りましたね！
近代以降（幕末・明治・大正・昭和・平成時代）は，
本書の［近代・現代］で学んでください。

さくいん

□ 編集協力　大木富紀子　田中麻衣子
□ デザイン　二ノ宮匡（ニクスインク）
□ 図版作成　ユニックス
□ イラスト　下田麻美
□ 写真提供

　円覚寺，宮内庁三の丸尚蔵館，国立国会図書館デジタルコレクション，高野山有志八幡講十八箇院/高野山
　霊宝館（提供），静岡市教育委員会，四天王寺，清浄光寺，正倉院，中宮寺，富井義夫/アフロ，三井記念美術館，
　薬師寺
　akg-images/アフロ，ColBase（https://colbase.nich.go.jp/），gandhi/PIXTA（ピクスタ），JIRI/PIXTA（ピクスタ），
　mfjt/PIXTA（ピクスタ），MOA美術館，TNM Image Archives
　（五十音順・アルファベット順，敬称略）
　＊本文中の写真の一部を模写図に置き換えています。

シグマベスト
共通テストはこれだけ！ 日本史B
[講義編① 古代・中世・近世]

著　者　金谷俊一郎
発行者　益井英郎
印刷所　中村印刷株式会社
発行所　株式会社文英堂

〒601-8121　京都市南区上鳥羽大物町28
〒162-0832　東京都新宿区岩戸町17
（代表）03-3269-4231